名师书苑

决不管理

施淇丰／著

JUE BU GUAN LI

中国财富出版社

图书在版编目（CIP）数据

决不管理 / 施淇丰著 . —北京：中国财富出版社，2015.1
（智读汇 • 名师书苑）
ISBN 978-7-5047-5400-4

Ⅰ . ①决…　Ⅱ . ① 施…　Ⅲ . ①管理学　Ⅳ . ① C93

中国版本图书馆 CIP 数据核字（2014）第 242329 号

策划编辑　丰　虹　　**责任印制**　方朋远
责任编辑　邢有涛　单元花　吴艳红　　**责任校对**　杨小静

出版发行　中国财富出版社
社　　址　北京市丰台区南四环西路 188 号 5 区 20 楼　**邮政编码**　100070
电　　话　010 – 52227568（发行部）　010 – 52227588 转 307（总编室）
　　　　　010 – 68589540（读者服务部）　010 – 52227588 转 305（质检部）
网　　址　http: //www.cfpress.com.cn
经　　销　新华书店
印　　刷　北京旭丰源印刷技术有限公司
书　　号　ISBN 978-7-5047-5400-4/C · 0182
开　　本　700mm×1000mm　1/16　　**版　　次**　2015 年 1 月第 1 版
印　　张　10.75　　**印　　次**　2015 年 1 月第 1 次印刷
字　　数　121 千字　　**定　　价**　38.00 元

自序

如何快速有效地进行团队管理呢?

销售做得好，关键在于对人性的把握;管理做得好，很大程度上也在于对人性的掌控。正是基于对人性的了解，才能更好地使人性中的优点、弱点相互结合，取长补短。

团队激活的六个“一”，是我基于自己多年做销售和管理的实践经验总结得来的，我曾给许多企业家朋友们分享过，他们对我的评价是“深谙人性”。在对人性了解的基础上设置出来的种种团队管理措施，的确能帮助团队很好地实现目标，让他们像拧在一起的绳子，既保持着相互用力的竞争状态，又相互扶持彼此向上的决心。

有人说，这像管理者和员工在玩一场心理游戏，我认为这种说法不妥当。因为人有趋利避害的本性，很多年轻人虽然本性善良，却难以管理好自己，如果管理者能够从协同的角度帮助员工更好地实现自己的目标、得到进一步的个人成长，那么这是一种福报，就犹如孩童时并不喜欢严格的老师，成年后回想起来却感激老师的严厉一样。作为管理者不仅有责任完成企业的目标，而且更重要的是要让自己的员工、下属得到成长，否则真是对不起信任自己的下属。

本着这样的心态，也本着让更多管理者实现自我、团队成长的愿望，加之众多朋友一再鼓励，我立志将自己关于团队激活的心得总结成书，欢迎各位管理者阅后给我意见与建议，让我们共同探讨团队持续保持活力的秘籍！

施淇丰

2014 年 11 月

目录 | CONTENTS

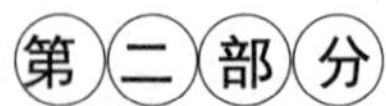

组织成员

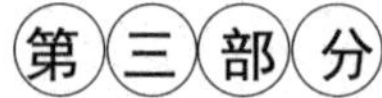

激励成员

引 言

商场如战场，业绩的好坏直接决定企业的命运，而销售团队的好坏，直接决定业绩的好坏！没有好团队怎会有持续的好业绩？销售团队犹如企业的陆军部队，没有陆军的成功，就没有战争的胜利！企业的发展得益于销售团队的成长和成功。

如何带领好销售团队，如何让销售团队成员“如狼似虎”呢？大量事实与成功经验证明：持续激活销售团队是保持销售团队战斗力以及企业长久发展的重要手段。

很多企业团队不稳定、业绩不增长，核心障碍就是没有持续激活销售团队！

你的企业是否有这样的现象

现象 1：曾经辉煌一时的“狼虎之师”变得死气沉沉

中国企业创业初期主要靠销售发力，创业者带领销售人员“南征北战”，积累了一定的资金和经验，大浪淘沙后留下来的“部将们”开始小富即安，随着市场日趋成熟，供大于求、产品同质化越来越严重，销售难度加大，老员工出现职业倦怠等消极现象，新晋团队羽翼又尚未丰满，所以，曾经辉煌一时的“狼虎之师”开始变得死气沉沉，哀怨四起！

国内某知名饲料企业，工厂在创立之初规模不大，创始人董总带领7名销售人员在内蒙古卖饲料，正值内蒙古养殖业飞速发展，养殖场数量大增之际，需求随之暴涨。每天工厂外运输的车辆排成长龙，一年下来企业收益相当不错，他们立即投产新工厂，产量比原来翻了20倍，生意蒸蒸日上。为方便业务，董总给初创期7名销售人员都配了桑塔纳2000汽车，继而又招兵买马，销售团队扩大到60多人，“七勇士”变成“七将军”，每人麾下七八名销售人员！业务也从原来的主动去养殖场、街边店上门兜售，变成直接对农户送货上门。

就在业绩蒸蒸日上之时，大量效仿者开始进入，随着市场的饱和，难以再成倍增长，销售的战略方针不得不由进攻开始变成防守。后来，一同创业的七名销售“元老”，因贪图安逸不再对销售目标执着追求，“跑业务”变成“等业务”。心态改变、行为改变，从原来为实现业绩主动培养下属，变成了对团队的训、斥、责、难。于是，销售团队的气氛每况愈下，哀怨四起，团队制定的目标也形同虚设，员工离职率高，尤其是新员工，老员工们也都整天人浮于事。

整个销售团队无精打采，没有方向，没有目标，这样的情况持续了两年，公司非但不赚钱，还巨亏了2000万元。

2008年年初，贷款即将到期，董总心急如焚，甚至咆哮道："这样下去公司就死定了！不行只有跑路了"！

如此的职业倦怠和没有目标将带来可怕的后果：团队失去了战斗力。

现象2：表面上业绩不错，实际上团队是一盘散沙

有些销售团队从表面上看，销售业绩尚可，可分析每个人的销售业绩会发现，主要是少数几个优秀销售人员扛下整个销售团队的"半边天"甚至"整片天"。由于销售业绩很高，甚至连管理者们都得看其脸色行事，其他销售人员除了"羡慕嫉妒恨"以外，还得对"业绩高手"溜须拍马。将这些"高手"捧得太高，以至于他们忘记了自己的身份定位，遇到不满意时，动辄就以离职作为威胁，整个销售团队已是一盘散沙。

伍总是某知名保健品企业新上任的分公司总经理，原以为接手这家业务已经开展得不错的公司的职位，是个"香饽饽"，结果到任后才发现，公司五分之四的业绩集中在三名老员工手里，其他40多人业绩之和不过总业绩的五分之一。伍总每天上班只能看那三个人的脸色行事，战战兢兢如履薄冰，稍有不慎得罪了他们，三个人就联合起来请假，各种请

假理由都有。不少员工为了获得订单，对这三名老员工时常献殷勤，指望能从他们手中略分几个小订单。为了维持个人的高业绩，三名老员工固守着自己的资源以及经验，新员工既没榜样可学，又没对手可比，整天无所事事。

伍总本以为在这里可以一展身手，没想到团队四分五裂，各自为政。很显然，这个团队已经不是团队，而是团伙，团队从上到下没有合力。

现象3：半途而废

月底大部分销售团队都会冲刺目标，刚开始在销售管理者的带领下，团队还冲劲十足，打电话、拜访主动性较高，可是当客户名单上的电话都打了一遍，距离销售目标还有很大距离时，团队的信心开始下滑，甚至连销售主管也怀疑销售目标定高了。此时，有的人将本月回款目标挪到下个月，月复一月，“下个月”还是如此。这样的团队往往不能坚持到最后就放弃了！

以前，我担任销售经理，每到月底冲刺时，总有各种各样的声音传出来。许多人的既定目标在20号以前才完成一半，甚至更少，没到月底，大家就完全松懈了，一副“死老鼠让猫拖”“死猪不怕开水烫”的姿态，最终月底盘点业绩时，又是“下月保证完成任务”！

我也迷茫过，不知道该怎么办。作为销售主管，我不能自己未坚持到月底就放弃，为此，我常这样劝导我的团队成员：一个病人发生紧急情况，他忍耐地等来救护车，半途中经历了交通拥堵终于到了医院，刚上手术台，一切设备都就绪了，结果他却停止了呼吸——这个结果多么不值得啊！

在业绩达标的过程中，其实我们也会遇到这样的“不幸”，那要怎么办呢？更多的时候，其实是没有挖掘出团队每个人的潜能，没有在最危急的时候“激活”他们，没有让每个人有持续力。后来我们经过调整，运用激活销售团队的策略与方法，大家一鼓作气，保持激情与战斗力，我们的业绩在集团 30 多家分公司中一直持续领先。

淇丰小绝招 

销售团队总是不能达成既定目标，没有坚持到最后，究其原因，其实就是团队成员没有持续的内动力，没有“一定要”的决心，不清楚“不到最后一刻决不放弃”的目的与意义，所以避重就轻，总是找借口。

总之，我把销售团队遇到的情况归纳为三种：没有战斗力、没有合力、没有持续力。到底是什么原因导致了这些现状和后果的发生呢？有以下三大原因：

第一，精神不振、目标不清，或者说丧失了更高的目标，跑业务成为等业务，没培养好新人反而带坏新人；

第二，方法不当、行动不力，光说不做或没做到位，老员工留不下，新员工没兴趣；

第三，思想不通、动力不足，趋利避害，避重就轻，借口总比行动多。

销售团队总是不能达成既定目标，没有坚持到最后，究其原因，其实就是团队成员没有持续的内动力，没有“一定要”的决心，不清楚“不到最后一刻决不放弃”的目的与意义，所以避重就轻，总是找借口。

销售团队成功的本质

① 团队氛围好——积极、向上、奋斗

一个好的团队，首先要有好的氛围，新、老员工都必须要有积极向上，持续奋斗的精神。一个团队有没有战斗力，首先就看它有没有统一的精神风貌，团队成员的心态好，奋斗意识强，人人争先，个个激情，自然而然地就能出好成果！

如果董总的“七勇士”不小富即安，面对市场困难依然积极进取，保持原来“南征北战”的精神状态和奋斗意识，那业绩自然不会变差。“奋斗”两字应该写在每一个销售人员的额头上，时刻告诫自己：唯有奋斗，才出成果！既然要奋斗，“奋斗”就要变得更具体，奋斗是实现目标，是为了自己生活得更好，为了自己爱的和爱自己的人，收入目标、荣誉目标、责任目标，一个都不能少，要一个台阶一个台阶地提升！

经我辅导，董总团队的业绩在一年内提升了45%，其实我只做了两件事：一是让他的整个团队有了积极向上，持续奋斗的精神意识；二是明确了他们面对的竞争和后果，并把每一个人的目标系统化，让他们每天为自己的目标而行动。一年后，这些原本得过且过的人有的通过达成销售目标生活品质更上了一个层次；有的成为新员工的人生导师，帮助他们规划“新的生活”。

② 业绩增长快——个人业绩 + 团队业绩

公司业绩要快速增长，除了优秀员工的大业绩外，还要有多数人的好业绩。如何持续增长个人业绩？假若你是做保健品的伍总，你如何让那三个老员工个人业绩更好，又让其他 40 多位伙伴都能与他们团结一致，创造团队业绩的飞速提升呢？伍总用了我告诉他的秘密武器后，让整个团队活了起来：不但上下一心，你追我赶，整个团队还天天“大比武，大练兵”。团队氛围火热而又其乐融融，团队有业绩，有荣誉，有快乐！

③ 人才留得住——满足财富、荣誉、成长与发展

人才是用心留住的，先有团队的成功，后有管理者自己的成功！在这方面我的管理哲学是：快乐是第一生产力，思想工作永远是第一位的！

毛泽东同志领导中国革命走的是群众路线：发动群众，组织群众，激励群众！作为企业管理者来说，“群众”就是我们的员工、我们的伙伴、我们的客户，要让他们行动，先要思想统一，思想统一了，一通百通！激励销售团队，就需要我们多做统一思想工作！

2008 年我接手上海 A 公司（任分公司总经理），此时团队已经相对成熟，我从毛泽东书中汲取智慧的营养，成功达到了业绩爆破性增长的经营目标，从 140 万元基数开始，

3月份提出冲刺300万元，5月份完成了330万元。保持300万元以上基数两个月后，8月份完成了417万元，9月份完成了423万元，10月份更是成功地完成了556万元。连续7个月，在团队没有增加一人的情况下，我们相互鼓励、支持，一路高歌，不断地挖掘自己与团队伙伴的潜能，不断地做自己与团队伙伴的思想工作，我们成功了，仅7个月就成为集团30家分公司中的冠军。

《逆领导思考》一书的作者罗伯特·凯利说：“说到追随与领导，大多数组织的成功，管理者的贡献平均不超过两成，任何组织和企业的成功，都是靠团队而不是靠个人。”管理好团队是所有管理者的愿望，那么，怎么做才能发动员工主动行动并为同一个目标全力以赴呢？

成功首先来自学习他人的成功经验，然后再总结成为自己的行动准则，经过自我的实践不断完善，最终成为一套属于自己的成功体系。我研究了大量著名管理者和成功的团队负责人的理论，总结发现，对于企业团队的管理而言，最核心的管理内容是三部分：**发动→组织→激励**。

我回顾、总结自己做销售和销售管理10年的经验，结合自己的团队以及客户团队中行之有效的方法，将高效激活团队的方法，分别从发动成员、组织成员、激励成员的三个维度，总结、归纳出六条必要的规则，简称为“六个一”：

第一部分　发动成员

一面旗帜——旗帜鲜明的精神

一个目标——清晰明确的目标

第二部分　组织成员

一个标杆——意义非凡的英雄

一个对手——相互鞭策的对手

第三部分　激励成员

一个“啦啦队”队长——激情飞扬的舵手

一个信念——一个永不放弃的信念

本书正是这“六个一”的精心解读和实战训练之精华。

作业

1. 你的销售团队的现状?

2. 作为管理者你的现状?

3. 你觉得现在的团队里有哪些因素制约了团队业绩?

(1)

(2)

(3)

(4)

建议个人先反省，然后通过团队内部总结再进行分享。

第一部分

发动成员

历史上曾有科学家想追求不用外力的永动发动机，至今仍有人坚持不懈地研究着，但是目前发现在现实环境中根本不存在永动发动机。团队管理也一样，即使激情四射的团队也会有热情衰退的时刻，《曹刿论战》中说“一鼓作气，再而衰，三而竭”。状态决定一切，士气比武器更重要，在战争开始的一刹那就决定了胜负。要用百分之百的状态投入，一如发动机那样，始终需要有持续的能源供给，才能维持高效率的动力。

对于团队而言，如何促使成员持续发动，相互良好协作？如何快速有效地进行团队管理？相信每个管理者、准管理者都有这样的疑问。

有效的团队管理什么最重要？有人说是团队凝聚力很重要，有人说合作最重要，有人说领导正确的指令很重要……以上这些的确都包含在团队管理中，但是团队管理除了凝聚力、正确的指令、协同合作外，还有一些很重要的东西。

对于管理者以及暂时未成为团队管理者的有志人士来说，必须通过自己正确的思想理念去影响他人，然后得到别人的认同和追随。这也许是一种信仰，有人称之为思想，有人称之为理念，我称之为精神，一种不同于现实物质，普通视线无法触及但会产生强大动力的主观、持续且坚定的某种意识及其能量。

第一章

“一面旗帜”——旗帜鲜明的精神

随着管理学的普及，西点军校奉行的“没有任何理由、任何借口”的精神逐渐被企业管理者奉为圭臬。

俄国著名元帅苏沃诺夫曾说过：“子弹是笨蛋，刺刀是好汉。”他要求俄军在战场上尽量以刺刀冲锋的强大威慑力消减敌军士气。当时俄军勇猛和无畏死亡的战斗精神，使所有征服者都胆战心惊，即使那时枪支武器已成为军中的普遍装备。

当时有一首著名的俄国战歌唱道：“当拿破仑的大军来自西方，巴格拉季昂的后卫注定要灭亡。战斗打响，激战正酣，血流遍野。染红了申格拉伯恩的河床。要记住这场神圣的战斗，在我们未来的征途上。让这成为你们的传统——5人敢与30人对抗。”

歌词背后的故事：

淇丰小绝招 

旗帜鲜明的精神不只是一种受头脑支配的思想，也是一种可以支配头脑的思想。

案例
CASE

在拿破仑的对俄战争最著名的一场战役——申格拉伯恩战役中，俄军统帅库图佐夫领导俄军一面全力抵挡法军三位名震天下的元帅——骑兵军军长缪拉、第四军军长沃尔特、第五军军长拉纳的强攻，一面组织主力撤退。担任阻击任务的是库图佐夫麾下的巴格拉季昂将军，巴格拉季昂率领5000名战士的后卫队对抗数万名法军，在出色地完成阻击任务并遭到了法军的合围的情况下，巴格拉季昂率领部下硬是用刺刀杀出了一条血路，突出重重包围，追赶上了库图佐夫率领的主力。

淇丰小绝招 

美国著名管理学者托马斯·彼得曾说："一个伟大的组织能够长期生存下来，最主要的条件并非结构、形式和管理技能，而是我们称之为信念的那种精神力量以及信念对组织全体成员所具有的感召力。"

1942年夏季，希特勒曾集结150万左右兵力，意图攻占苏联工业重镇斯大林格勒。苏军在被轰炸机和火炮炸成废墟的斯大林格勒瓦砾中与德军激战，用刺刀、手榴弹、铁铲不断发起攻击，付出了难以想象的巨大代价后守住了城市，彻底歼灭了侵略者。第二次世界大战期间，类似这样的战役还在列宁格勒、莫斯科发生过。

让苏、俄军队具有这样令人生畏力量的就是一种誓死的精神！假如没有无所畏惧的气概，就是有成千上万的军队，也经不起一次斯大林格勒的大血战。

然而，精神不仅存在于军队、战争或特殊时期，精神还存在于各个环境、空间里，正是这些不同的精神延伸出许多不同的结果：

自然界里，河水必流入大海，方式不一样：细川汇入江河流入海洋；溪水落入湖泊渗入地下，进入海洋。所有的水，为了不枯竭都竭尽全力奔流入海。

动物界里，弱肉强食、相互合作、取长补短就是为了一个信仰——生存、繁衍并培育更优秀的后代。

对于个人来说，人的精神决定状态，状态决定影响力。每个有领导力的人，都具有核心的价值观体系，能够塑造某种无形的精神力量，感召人、凝聚人。

企业运营中商业的模式、营销、研发都很重要，但最重要的莫过于团队建设。孙中山弃医从仁，以文弱医生的身份坚持一个口号“还我河山”，12 年的时间，竖起同盟会的旗帜，激发无数人为这样一个理想抛头颅洒热血。孙中山本人也因用毕生的心血和经历坚持一种信仰，感召千千万万的人，最后被尊为国父。对于企业而言，成立最初可能来自一个想法，一种力量，在实施过程中感召一些不谋而合的人，然后不断传播，团队也不断扩大，这就是最初的团队建设。团队管理非常重要的核心就是“一面旗帜”，这代表了一种精神，一种共同的信仰，以一个正确的理念凝聚成一个系统的队伍。企业要有精神支撑，有信仰的企业才能在遇到困难和跌入低谷的时候不放弃、不逃避，并从精神信仰方面获得力量和慰藉，以此转化为前进的动力。

A 公司创业之初就明确不以赚钱为最终目的，是为帮助和支持更多中国民营企业家，为此感召了很多人，甚至不乏

放弃原有的事业来加入A公司的人，他们即使担任业务员，也甘愿来推广这种文化。当时的我经营着竹地板已小有成就，但为了这样一份理想和精神，我重新以业务员身份加入A公司，从此我的人生有了巨大的转变。我更好地规划了我和我家人的人生，同时，通过我的能力也实现了这些目标，我和我的家人从云南山里到在上海买房买车落地生根。A公司的精神的确让我和团队实现了目标和梦想，我们心甘情愿成为其精神的布道者，这就是A公司的魅力——通过改变自己，帮助别人，不断传延。

团队组建初期，每个人的想法不一样，如何让这些散乱的人拥有共同的理念？精神力量就像定海神针，是团队成员凝聚的中心。而精神力量的“雷达”要想生效，必须做好两点：首先要进行系统的文化先导，让成员有正确的价值观和理念，具有统一的思维模式；其次才是行为模式的统一。

团队精神再造

不是所有的企业、团队、组织一开始就有明确的团队精神的，很多组织是在长久经营和彼此接触中形成一种不成文的文化的。这种文化虽然很难描述，但是彼此都能隐约感受得到，心照不宣。对于团队建设，我所在的A公司拥有很多成功的案例，并有专门的系列课程“教导型组织模式”。无论已成立的团队或是将要组建的团队，这里都将给出塑造团队精神的逻辑以及方法。

1. 提炼精神

未来需要呈现什么样的状态，面临困境以及问题时最重要的判断标准，对于社会、员工、客户的责任等都能提炼为精神力量。精神力量就是团队的价值准绳，判断取舍的标准。对于企业而言，主要负责人就是企业的最高领导层，团队则是团队领导人，这是第一要责。

淇丰小绝招 

企业的精神通过长期宣导，用简单、直击主题的精练文字表达，融合在企业文化里，久而久之，就能形成员工的工作习惯。

很多人困惑于如何打造团队精神，宏基老总施振荣这样说过："宏基精神必须更加深植，组织运作必须更有效率，而要促成这个目的，不论就广度或深度而言，文字是最佳的传播媒介。"文字尤其是具有特别意义的字眼，对个人、团队都具有巨大的影响力。

2. 将精神化为行动力

佛教里"身口意"，通过经常挂念在嘴上、心里就能逐渐转化为行动。同样，企业的精神通过长期宣导，用简单、直击主题的精练文字表达，融合在企业文化里，久而久之，就能形成员工的工作习惯。可见，凝练团队精神，在选择描述团队精神的文字的同时，还需要对文字进行精准的解释。

海尔能在家电业里成为翘楚，管理数万员工同心协力，整个集团一个声音，很大程度上同"解释"有关。为了保证从上到下，无论学历和经验怎样都能明确海尔的要求，海尔对其精神、文化都用简单的文字加以表述并清晰地予以注解。

例如海尔集团 2003 年的发展主题是：速度、创新、SBU。**首先解释这三个词之间的相互关系。**

速度——创造用户资源。通俗地说，就是通过速度成为用户首先选择的对象。

创新——是在创造用户资源的前提下，再创造用户的价值。

SBU——每个人都成为“SBU”，就会创造用户的忠诚度。

其次对每个词进行解释。使用这个词的原因以及该词或句子包含的所有层级含义：

速度——为什么要有速度？因为互联网的速度让人体会到：没有速度的企业必然会被淘汰。那些没有和网络联系到一起的企业，就会被网络抛弃，而有的即使利用了网络，没有竞争力也会被抛弃。

速度包含的含义——如何靠速度创造用户资源？

有速度才能有生存权。真正握住用户的手，还必须有“第一速度”。

大家都在比速度，只有以市场反应的第一速度去满足用户需求，才能创造用户资源。产品开发要有第一速度；销售要有第一速度；“纠错补过”同样也要有第一速度。

关于速度，海尔在这方面还有十分细致、具体的要求：

速度的目标就是要实现“三个零”：零库存、与用户零距离、零营运资本。

零库存——海尔打破了过去仓库的概念，把仓库变成一个只是为下一站配送而暂停的站，所以把它称作是“过站式物流”。

与用户零距离——海尔要以“第一速度”满足用户需求，这个速度使我们和用户没有距离。

零营运资本——满足用户需求的同时，向戴尔电脑学习，先有订单，然后再来做生产，所以没有营运资本。

海尔对于所有的主题词汇都进行了解释，其他两个词的解释如下：

创新——为什么要创新？

没有创新只靠速度赢得的市场难以为继。在创新的过程中，创新还要和速度结合起来。

另外，组织结构不好也会窒息速度。过去金字塔式的组织结构，使市场上用户有什么需求、员工有什么反映，很难传递到决策层来，决策过程非常慢，因而不能把所有创新的想法都变成现实。现在扁平化的组织结构，等于是把企业与市场合在一起，流程全部围绕着用户来转，这样就可以实现创新的需求。

如何靠创新创造用户价值？

如果说速度争取到了用户资源，创新就是要留住这个资源，给用户创造新的价值。在网络时代，用户的价值体现在“两个化”：一个是个性化，一个是全球化。为什么突出体现这“两个化”呢？因为现在市场供大于求，顾客选择的余地很大，谁能满足顾客的个性化需求，顾客就选择谁。

创新的目标，就是创造有价值的订单。要实现这个创新的目标就必须要做到两点：第一就是创新的本质——创造性地破坏；第二就是创新的途径——创造性地模仿和借鉴，即借力。

全球化是因为在全球网络上，用户的选择余地很大，而且用户需求的是全球质量最好的、价格最便宜的产品，我们要做的就是以本土化满足个性化，以竞合实现全球化。

SBU——SBU 即 Strategical 、Business 、Unit 三个单词的缩写。

Strategical　战略的；

Business　事业的；

Unit　单位（单元）。

SBU 即战略事业单位，如果不仅每个事业部，而且每个人都是一个 SBU ，那么总的集团战略就会落实到每一个员工身上，而每一个员工的战略创新又会保证集团战略的实现。

为什么要成为 SBU ？

如果员工不能成为 SBU ，我们就不能满足用户的个性化需求，也可以说 SBU 具体的体现就是速度和创新，或者说把海尔集团的速度和创新的目标量化到每个人身上，每个人都去创新，都以速度去争取用户，那么他就应该成为一个 SBU 。对外“一站到位”的服务和对内“一票到底”的流程，就是为了最快地满足用户的个性化需求。

如何成为 SBU ？

成为 SBU 的四个要素是：市场目标、市场订单、市场效果、市场报酬，这实际是企业的四个目标，现在要转化到每个人身上去。

市场目标：以速度体现的市场竞争力，创造用户资源；

市场订单：以创新创造有价值的订单，实现市场目标；

市场效果：以订单执行到位创造出用户满意度的量化数据，并由企业信息化系统显示；

市场报酬：自己创造的市场增值部分在收入中的体现，并能对市场目标的再提高产生作用力。

SBU 的目标对企业、对员工、对用户意味着什么？对员工意味着要成为创新的主体，在为用户创造价值中，体现自己的价值，实际上就是经营自我；对企业来说，如果每个人都成为 SBU ，形成了企业的核心竞争力，这才是竞争对手不能模仿和复制的；对用户来说，意味着在网络时代，对企业和品牌的忠诚度。如果每个员工都在创新，用户的需求无论怎么变化，我们都能抓得住。

正因为有这样明确的要求，海尔的员工在操作和执行时才有参照的依据，所以海尔的员工显得更为优秀、卓越，整体职业化素质偏高。很多企业以为四处张贴的“文字”“海报”“宣传栏”“标语”已经很明确地将公司的精神、价值观进行了宣达,事实上员工的理解和老板的认为总存在差距。由于每个人的理解和认知角度不同，所处岗位以及眼界有高低，所以认识上存在模棱两可的现象。与其在发生问题时相互争辩或根本不予以参考、执行，不如在最初制订时就清晰描述，通过反复的培训以及书面文字的注释，将所有内容都标准化，甚至熟记于心。

我们团队的所有员工从入职第一天开始就需要背诵公司的价值准则，每日的晨会都要重复。在公司的办公环境里，不但充分利用墙面文化进一步将这些准则进行表述，而且无论看、听、说无时无刻都在宣扬这种价值准则，让年轻的新成员随时随地受到这样的精神激励。

3. 团队精神与时俱进

随着时代发展，团队的进步以及阶段性目标的完成，团队的精神必须要重新总结或提出新时代下的新解释。

即使同一种精神在不同时代背景下有不同的解释，但其宗旨不变。例如1927年，毛泽东同志率领秋收起义的部队来到井冈山，“胸怀理想、坚定信念”，是井冈山精神的精髓。新中国成立后中国开始进行新一轮的建设，1965年毛泽东重述井冈山精神：“艰苦奋斗”“把支部建在连队上”，建立“士兵委员会”。“艰苦奋斗”是讲工作生活的信念，“把支部建在连队上”意思是所有队伍保持高度一致，支部、连队相互牵制，目的是为了实现管理的全局性；建立“士兵委员会”是为了尊重士兵，只有尊重，才能激发动力和热情。

对于同样的井冈山精神，2001年时任中共中央总书记江泽民结合现代社会发展则总结了24个字：“坚定信念，艰苦奋斗，实事求是，敢闯新路，依靠群众，勇于胜利”，更形象、简单地描述了井冈山精神在现代的延续。

2003 年，时任国家主席胡锦涛在江西考察工作时特别就井冈山精神再次重申和强调：“伟大的井冈山精神集中反映了党的优良传统和作风。我们要结合时代的发展，结合党的历史方位和历史任务的变化，结合改革开放和发展社会主义市场经济的新实践，让井冈山精神大力发扬起来，使之在新的时代条件下放射出新的光芒。要坚持与时俱进、开拓创新，艰苦奋斗、脚踏实地，加强团结、形成合力，清正廉洁、甘于奉献，用优良的作风保证正确的理论路线和方针政策的贯彻执行。”

在企业经营方面，很可能规模发展到一定程度时，原有的基础理念仍适用，但对于当下的情况需要增加一些强调或补充，有些问题在执行中才能发现不足或者偏向，所以需要不断修正。

淇丰小绝招 

电视剧《亮剑》里提到的亮剑精神是“狭路相逢勇者胜！”李云龙的团队有两个核心的价值观：“一是一名剑客，纵使遇到天下第一剑客也要毅然亮剑，虽死犹荣；二是狗走千里吃屎，狼走千里吃肉！”他要求“独立团”战士在遇到敌人时敢打敢拼，为胜利而战！

海尔 1984 年创立，从第一次提出“无私奉献、追求卓越”以来，10 年内便成为了中国第一名牌。

1995 年以后，在国内已获得巨大市场发展的海尔决定向外延伸产业，向国际市场闯荡的海尔此时以“敬业报国、追求卓越”作为第二个十年的企业精神，2005 年荣登“中国十大世界名牌”榜首。

当海尔已成为全球白色家电第四后，海尔又提出了第三阶段的企业精神：“创造资源、美誉全球”，将延续 20 年的作风提升为“人单合一、速决速胜”。数十年来，海尔靠其持续传递的文化精神，成为中国冰箱产品的金牌，至今努力跻身世界500强。

海尔的企业精神成就了海尔的品牌地位，其方式其实就是，每十年再次反省精神并结合企业战略目标进行提升。

无论重申也好，新创也好，选择自己团队的“核心词汇”很重要，塑造的团队精神，决定了团队的战斗力。

我们研究了佛学以及自然规律，就会发现其实有些规律是必然存在于各个环境里的，例如天道，这是自然的法则；人道，这是为人处世之道；狼道，这是团队协作的一种境界。这三者都是适合各企业、团队的最基础的精神要求，我建议“三道合一——统一价值观”，以下总结了几点给管理者参考。

天道

如果接手新的团队，面对的全部是陌生伙伴，必须要让团队成员有共同的价值观、业绩观，并且向同一个目标前进。

每个人会有不同的价值观，什么样的价值观能成为共同的价值观？天地之中，天道最大，这个天道就是自然规律，即使人能改变自己的命运，但也逃离不了生老病死。自然规律首先是必须遵循的，人生在世如乘浪一般，需要智慧才能踏浪前行，站得更高。潮汐规律、浪的节奏，这都是自然规律。

任何生物都无法逃避自然规律，这个自然规律就是“物竞天择、优胜劣汰、适者生存”。

物竞天择、优胜劣汰，世间万物都在竞争，微生物、植物、动物，包括人类。

为了光合作用，树不断向高处，向能够获得更多阳光的地方生长。热带雨林有种榕树叫做“绞杀树”，学名为毛枕果榕，它的种子落在其他物种的树上，就能在其他树上生长，所有的养分来自其“土壤”——使其发芽的树上。在热带雨林里这类现象非常常见——不具备高度优势的植物会寄生在其他树种上。

淇丰小绝招 

自然法则：物竞天择、优胜劣汰、适者生存。

竹林里往往只有竹子，没有其他植物，这是因为竹笋生长快速，从地下冒出后立即生长，竹又是根连根的密集生长，所以其他植物难以竞争。

在食物链的任何阶段都必须要竞争，否则就会死亡。即使是人类，在精子和卵子结合前，也只有一颗最有活力、最健康的精子能够获得最后结合的机会，最终上亿的精子将被淘汰。

物竞天择、优胜劣汰、适者生存是一个自然规律，必须参与竞争，这也就是团队的天道。

无论在商场还是职场里若不能应对竞争，也没有业绩贡献，不但同事、老板，甚至家人都会将你排除在外，任何人都无法容忍你。

遵循自然规律必须要做三件事：参与竞争、获得胜出、适者生存。

1. 参与竞争

人是自然界的一个物种，只要活着就必须参与竞争，竞争决定人生的状态。如果不参与竞争就不会有马云、柳传志、任正非这些著名的企业管理者，他们仍会在学校教书直至退休，我仍会在云南某地开着火车，唱着歌。时势造就英雄，自然规律是大势，无法改变，所以必须要参与竞争。

2. 获得胜出

必须变得更优秀和强大，同时要学会面对强大。人无完人，优秀的人仍能遇到更优秀的人，作为团队管理者要学会用比自己强大的人，要学会面对更强大的事物。

3. 适者生存

冰河时期，当时最大体积的动物——恐龙遭到灭绝，存活下来的蟑螂个体虽小，但它能快速应对环境。同理，能迅速适应变化的人，才能生存下来。

对团队管理而言，首要要鼓励参与竞争，提倡团队建立良性、正确的竞争；其次是奋斗，鼓励通过个人奋斗获得成功；最后是在过程中找到适合公司、适合团队的文化。

A公司在新员工入职后，要求每一位新人先从同批新同事中找到自己的良性竞争对手，经过21天培训后，比赛谁学的东西多，这样的竞争会让新员工更用心地接受培训和实操演练。

与此同时，新员工淘汰标准完全公开：

在新员工培训中就挑选适合公司价值观、符合团队文化的人才；

新员工考评、考试分数不达标者淘汰；

适者生存，要求员工背诵公司的宣传以及价值观体系的文化内容，并且能转变适应下来的人，就能在新员工淘汰赛中胜出。

人道

尊重自然规律才能存活于自然，除了自然环境外，人又处于“人群”这个社会环境中，所以还必须要遵循“人”的规则，这个规则就是个体在社会中为人处世的道理，称之人道。

我经过反复总结和提炼出通用的“人道”，适合在团队中长期宣扬和提倡，供管理者在团队精神建设时参考。

1. 思维模式 x 热情 x 方法 = 成功

这是一个相乘的等式，所以，任何一个都不能为零，一旦一个为零一切都没了；同时每个要素都不能为负，绝对不存在数学里“负负得正”的说法，只要有一个为负值，无论另外两个要素分值多高，结果都会离你想要的成功越来越远。必须有正向的、正确的思维，狂热的工作热情，通过学习和反省来成长，这样的人才能成功！

思维模式决定行动动机，不同的行为动机直接导致不同的行动结果。

这个思维模式一定是“内向思维”的，成功不存在侥幸，更不存在遗传，成功唯一依靠的就是个人、团队的努力，即“唯有奋斗，才能成功”。有不少人认为成功靠机会，是种低概率的偶然运气。没错，要靠机会，但没有实力，机会来了也不会属于你。

淇丰小绝招 

思维模式决定行动动机，不同的行为动机直接导致不同的行动结果。

就像坐车去某个目的地一样，要预先买好票，准备好才能在第一时间搭乘，若没有准备好，即使车来了，也可能上不了车，或者因种种原因延误搭车，甚至上车后也无法到达最终的目的地。但反过来，有过经验或者具备分析和解决问题的能力的人，即使遭遇晚点甚至错过班次，都会自己想方设法抵达目的地，绝对不会影响到达指定地点的目标。

人一定不能心存侥幸，守株待兔收到的只有失望，必须努力奋斗，凡得来易者也易离去，真正的成功，劳动果实都是实实在在奋斗出来的。为人处世首先就是要有正确的价值观——唯有奋斗才能成功，**必须要让成员坚信奋斗**

是成功的源泉！

聪明人通常难以成功，缘由就是因为太聪明，凡事想走捷径，结果投机取巧，聪明反被聪明误。这世界并不缺少机会，而是缺少抗拒诱惑的能力。聪明人的确总能想到方法或者找到机会，但因缺少那份坚持和执着，三天打鱼两天晒网，结果什么都没有得到。

特种部队为何能完成难以想象的任务？就是源自一份坚持，海豹突击队在训练中就一直在练习队员坚持的能力，只要一声口哨、一句话就放弃训练中的艰难任务的人，不可能长久留在突击队中。不断有人在与意志力抗争中放弃，也有人继续坚持，正是这些坚持下来的人，完成了一个又一个不可能的任务。

无论对于个人还是团队来说，正确的成功思维就是奋斗，通过踏踏实实地做好事，才能得到更多机会，才能获得自己真正想拥有的事物。

人道信奉的第一条原则：唯有奋斗才能成功。这个“奋斗”的意思是：**八小时之内求生存，八小时之外求发展。持之以恒、不折不挠地做一件事情，聚焦做到底，然后把它总结成规律变成自己的经验。**奋斗就是心中有目标并去挑战更高目标，奋斗就是干别人干不了的，干别人不干的事。

“吃得苦中苦、方为人上人”这句话已流传数千年，人类历史上 2500 年以来，所有成功的人都必须遵循奋斗这条道路，所有人的成功都来自奋斗。有人认为父辈、祖辈带来的财富和成功能不费力地让自己得到成功，俗语说“富不过三代”，事实给了我们最好的答案和验证。

从学校毕业出来工作，风餐露宿、闯南走北，家里没有能力给我们更多的支持，并不是丢人的事，恰恰相反，它是个人磨炼的过程，正因为遭遇如此窘境，逼得自己必须奋斗。俗话说“天将降大任于斯人也，必先苦其心志，劳其筋骨”，何不将一切的不平和险滩看作是老天的优待？因为，没有奋斗就没有经历，没有经历就没有经验，没有经验就没有能力，没有能力就不能在优胜劣汰中存活，在市场的竞争中必然被淘汰。

很多人在遇到困难时就放弃了，没有放弃的人承受着挫折和磨砺，结果得到胜利果实。胜者为王，无论过程如何，意志力最强的人最后都能成功。

不少职场人士上班像上坟，甚至上班比上坟心情还沉重，面临放假就像囚犯得到自由一样，假期一旦结束，又像再次成为囚犯,把工作当作谋生的工具而已。不热爱就不会有激情，没有激情通常很难成就大事业。人要学会转换心态，换一种角度对待工作，即使面对的不是自己最喜欢的行业。

稻盛和夫刚进松风公司时，非常不喜欢这份工作，经常有辞职的念头。他在大学里专攻的是当时最热门的有机化学，不得已才就职于这家生产绝缘陶瓷、属于无机化学领域的企业。

最初他的眼里全部是企业的缺点，例如“内部纷争严重”“拖欠员工工资”“员工连老婆都娶不到”“没有现在也没有未来”“被分配的、不得不做的工作”“工作难度大”“缺乏投资和设备” “没有指导”等。后来他投入工作，投入到眼前的这份工作，连老天都感动了。（详见稻盛和夫《干法》一书）

淇丰小绝招 

个人的成功模式就是这三点：正确的思维方式；狂热地投入，聚焦在这个领域；学习最厉害的高手，快速学习，提升自己的总结能力，反复总结、提炼，让自己的好方法变得更多。

这种改变，就源自改变心态，倾注全力先把眼前的工作做好。这样的投入必然会在工作中取得成果，当一次次成果累积后，即使是原来不喜欢的领域也会成为精深的专业，成为自己的资本。

如果永远羡慕别人，嫌弃自己的不够如意，那么，永远得不到自己想要的幸福或快乐。既然选择了，无论如何都要投入热情。我喜欢说一句话“幸福是自找的，痛苦更是自找的”——这其实就是心态转换。

思维模式成功了，积极狂热的热情也投入了，最后，还要找正确的方法。成功的人一定是善于总结方法的人。

美国人和中国人教育方式不同，中国人总是教学生去背诵结果，而美国人则教会孩子解决的方法。两种教育方式相对比，中学时期，中国的方式具有优势，但是进入高校后，缺乏独立思考能力的中国大学生学习起来相当吃力。事实上学校的作用就应该是传授如何去寻找解决方法。对于成年人而言，无法改变我们已有的教育方式，但是，我们可以学习去找方法——向成功人士学习成功方法，快速把别人用血泪、用钱、用时间总结的经验化为己用；不断反省和总结，通过对以前人生经历的分析，最后总结成独特的经验，并转化成为个人特有的能力。

个人的成功模式就是这三点：正确的思维方式；狂热地投入，聚焦在这个领域；学习最厉害的高手，快速学习，提升自己的总结能力，反复总结、提炼，让自己的好方法变得更多。

2. 公道自在人心，更在实力

社会是公平的，但难免遭遇一些不如意，让人感觉不公平，此时必须有一种态度：没有任何事物能够伤害你，你要在狂风暴雨中，逆流而上去证明自己的实力。

比尔·盖茨坚信“这世界上从来没有公平可言，唯一的公平就是用实力去证明它的公平”。当年微软的成功，让比尔·盖茨成为亿万富翁，美国《财富杂志》在采访他时提出一个尖锐的观点：“比尔·盖茨先生，你能成为世界之首富，无非就是时机正确，踩对计算机发展的平台，做了个公共软件放在各种硬件上面。”

比尔·盖茨淡定地回答：“记者先生，你说的非常正确，不过我要告诉你，当初我们微软做的，同时期苹果公司也在做，世界上最大的公司 IBM 也在做，当初我们跟它们有很大差距，IBM 是世界上最大的企业，苹果公司资产也已上亿美金，而我们只有 50 万美金，为什么它们没有抓住机会？”记者满面赤红，无话可说。

比尔·盖茨用实力证明了外界对其成功的不公平的看待，一如“公道自在人心，更在实力”所言，用实力和结果表现，让别人无话可说。胜者为王、败者为寇，每个成功人士、团队，或多或少都会受到非议或不正确的看待。不用辩解，当我们用业绩、结果和实力来表现并持续地表现同样的成功，事实胜于雄辩，公道从来不只在人心，还在于实力。没有成功，连发言权都没有。

销售团队在以客户价值为导向的前提下，以成功论英雄，没有苦劳，只有功劳，应该倡导销售团队成员必须做有价值的事情，否则一切都是徒劳！

我首次成为团队销售冠军时就受到过这样的“奖励”——很多人认为这不是靠我自己的实力，纯粹是偶然，甚至有人以为是靠关系。当我第二次、第三次直至第七次蝉联冠军时，再也没有这样的评论出现了。我用自己的实力和业绩证明了我自己。

对于所有职场人士而言，所有的一切在工作结果实现后必然得到证明，一次、两次、数次，坚持实现目标，持续用这样的状态激励自己，持续获得的良好结果就是最好的验证，毋庸置疑。

什么是公平？最大的公平就是竞争，勇敢参与竞争，通过竞争来获得世界对自己的公平。改革开放以前，对所有人都采取公平分配、计划分配，当时的“公平”是对人潜能的扼杀。不需要发挥工作才能，只要等待分配就可以享受生活，是对强者的藐视和对人性的不尊重。市场经济时代，处处存在竞争，彼此依靠实力说话，反而显得公平。例如，A 公司所有管理岗位必须竞争上岗，对于高层岗位，例如总经理，必须四人同时竞聘，年底所有岗位清零，鼓励竞争上岗，管理者述职，必须获得员工的支持，并且通过投票竞选。

淇丰小绝招 

一个成功的团队没有输家，一个失败的团队没有赢家。只有成为狼，才能与狼共舞。

当一个人相信要用实力来赢得公平、赢得尊重，并以此为信仰时，他自然而然地会在工作中努力奋斗。我一直以此为座右铭之一，并且鼓励团队成员以此为信仰。这里的核心就是**“我要做得更好，拉开与其他竞争对手的差距，让对手难以超越”**。即便有对手要追赶，但自己也在跑，彼此的距离和差距始终存在，始终让自己保持竞争优势。因此我们绝对不能责怪环境、市场的变化，因为所有人都处在同一个竞争环境下，能够改变的只有自己的思维和行动。

我担任上海分公司总经理的第一年，由集团规划将市场细分，限制了上海分公司的销售范围，拨出 20% 的客户给其他分公司，更将我一手培养的 8 个总监调拨走 6 个支援其他分公司，我不得不重新招募并培养新的中层，等于重新开始组建一个新的团队。同时，我还面临着要实现 100% 增长的管理目标。在这样的情况下，年底我和我的团队以实现 112% 的目标再次荣获团队冠军，用实力捍卫了荣誉。

2013 年 A 公司十周年大庆，600 多名来自全国各地分公司的高管聚集一堂，我所管辖的分公司获得了最佳业绩团队的荣誉，而且我们的业绩比第二、第三名的业绩高出很多，这个结果就是源自对赢得尊重要靠实力的信仰。

公道自在人心，更在实力，管理者要鼓励团队用实力说话，努力用实力证明自己的价值。没有绝对的公平，只有相对的公平，机会面前人人均等。机会只给已经准备好的人，老生常谈的不是笑话而是真理。如今，越来越多的普通人通过自己的努力，得到了公众的认可。媒体和平台给了更多相互平等竞争的机会，每个人都有实现梦想的时机，关键在于你是否已经有这样的实力并做好准备。

3. 心有多大，人生的舞台就有多大

你的成就突破不了你的梦想，梦想大，成就才会变大。

如果连想都不敢想，怎么可能有伟大的行动？“不想当将军的士兵不是一个好兵”，一个人如果没有远大的梦想，就绝对没有实现当下目标的勇气和信心，更不会为了长久的目标而持续努力。

有这样一个关于梦想的故事：

一位英国教师临退休前整理办公室文件，他发现一本收集着班级 51 位同学的作文的本子，题目叫《未来我是——》，随手翻阅，发现孩子们都在作文中认真地描绘着自己的未来，有当驯狗师的、有当领航员的、有当海军的……五花八门，应有尽有，

最让人惊讶的是，有一名叫戴维的盲学生，他说“将来他必定是英国的一位内阁大臣，因为在英国还没有一个盲人进入过内阁”。

老师决定寻找这51位学生，看看他们是否实现了25年前的梦想。自从在报纸上刊发了启事后，老师陆续收到50位学生的回复。他们中有商人、学者及政府官员，但大部分人是普通人，一如他们原本普通的梦想。

当老师以为最后一人不会回复时，却忽然收到内阁教育大臣布伦基特寄来的一封信，他在信中说：“我是您当年的学生戴维，感谢您还为我们保存着儿时的梦想。不过我已经不需要那个本子了，因为从那时起，我的梦想就一直在我的脑子里，我没有一天放弃过。25年过去了，可以说我已经实现了那个梦想。今天，我还想通过这封信告诉我其他的50位同学，只要不让年轻时的梦想随岁月飘逝，成功总有一天会出现在你的面前。”这封信后来被发表在《太阳报》上。

从家庭背景方面而言，布伦基特非常贫苦，出生时就是盲童，12岁时，父亲在煤气厂工作时不慎掉入锅炉中，被沸水活活烫死，工厂以布伦基特的父亲已过正常退休年龄为由拒绝赔偿，布伦基特和母亲的生活随之陷入困境。残疾和家庭的不幸使布伦基特决心要做让母亲感到自豪的事，15岁那年就树立了要成为英国首位盲人内阁大臣的梦想。带着这个梦想，他从中学毕业，完成大学课程而后进入政界，49岁任教育大臣，54岁当上英国内政大臣，成为布莱尔政府中最重要的阁员之一，负责管理执法部门、移民和打击恐怖主义等重要工作。

正是因为梦想不同，人生际遇也完全不同，同一个班级的学生只有这个心存远志的孩子实现了当时所有人都认为不可能实现的梦想。他的成功，除了坚持，更重要的是敢于梦想。

没有预先描绘的蓝图，就绝对不会去想实现的路径，没有路径，也就难以抵达梦想的目的地。

某年的年会上，有位广州分公司的伙伴，销售业绩排在集团前 20 名，但在接下来 4 个月的时间内，他带领团队完成了 800 万元的业绩，发言时，他直接说出了自己的目标——成为未来的集团总裁。如今，这个大学毕业才两年的年轻人，依靠自己的实力已在上海买房。

能在数十人面前说出自己的目标，不仅需要一种勇气更需要一种魄力。说出梦想之后，他还罗列了自己计划的措施——组建一个 10 人的团队，实现年业绩 8800 万元，如果实现了，希望能够成为华东区的经理。华东区的经理距离总裁仍有一定距离，但是敢于在所有人面前承诺，并且有清晰的规划，绝对有实现的可能。假如一个团队里都是这样的员工，何必担忧不能实现团队第一，何必担忧企业业绩难以提升。

想成功的人，永远会找方法，方法永远找不完，所以，一直有进步的机会和发展空间；失败者永远找借口，总说没有准备好。其实做事说难也不难，只要敢说，在投入行

淇丰小绝招 

要让使命、愿景、价值观等像巨人一样“活”在每一个员工的心里、头脑里、生活里。

最好的 CEO 是通过构建他们的团队来达成梦想，即便是迈克尔·乔丹也需要队友来一起打比赛。

——通用电话电子公司董事长查尔斯·李

动时会发现远比想象的容易，因为做的过程中可以不断找实施方法。

人与人之间的差别，有些人是不敢说，有些人是不知道怎么说。一个人的心胸和想象力只有一个街边店铺那么大小，可想而知，一定难以实现商场、旗舰店、购物中心，甚至零售大佬的结果。所以我们要牢记：心有多大，人生的舞台就有多大。

狼道

动物无法改变环境只能应变环境，人生面对无法控制的境地时就要接受并改变心态。

论个体，狼的能力在自然界里属于中等；论强壮，狼比不过虎、熊，但却最有攻击力。狼绝对是团队应该学习的榜样，狼是自然界里最具备团队协作、团队精神的群种。

最杰出的人都应具有狼性，因为竞争文化的核心是狼道精神。任何公司，要在公平的情况下营造良性的竞争文化，就要学习狼道。

1. 狼＝自信

要学习狼，首先要了解狼的特性，狼具有其他动物没有的特性，例如，自信。俗话说“夹着尾巴的狗”，但是从来看不到夹着尾巴的狼，因为狼自信，月夜敢于对着月亮嗥叫。

“绝对自信，勇者无敌”——作为单兵，我们要求绝对自信，要求伙伴通过每天多照镜子，多帮助别人来学会认可自己、欣赏自己、相信自己。自信的人才能勇敢面对困难，面对自己的客户，自己的人生！

不是所有人都能大声说出“自信”这个词，有两种方法可以获得自信：第一种方法就是学会欣赏自己、改善自己。获得自信要有一种习惯——学会照镜子，任何人身上都有优点，从镜子里找到自己外观上满意的部分，不仅是心理暗示，更能通过照镜子找到自己不太满意的部分，从而进行修饰和完善，让其成为能令自己燃起信心的“新燃料”，以创造更好的自己，更自信的自己。

状态决定自信。科学家做过统计，当面对低头、垂头丧气、刘海遮脸的人时，多数人会认为此人状态不佳，缺少信心；反过来，当你昂头挺胸的时候，自信绝对会增长。

另一个获得自信的方法就是帮助他人，改善他人。通过帮助别人得到自我价值的认同，在帮助他人的同时获得成就感。每个人都有这样的经历，帮助别人后，内心会有种快乐，即使自己无所得。长期帮助别人，也能建立自信。即使是一句赞美的语言、一个微笑、一个微小的支持的眼神都会让自己越来越自信。

假如，你现在觉得自己缺乏自信，从今天开始，每天对朋友、同事甚至陌生人，不吝惜赞美，即使是一个拥抱或者一个笑容，只要坚持，就会发现相互的关系变好了，自己的信心自然就会增长。

“滴水之恩当涌泉相报”不是意味着只要付出极小的帮助就能得到很大的回报，而是让你帮助更多人。这样点滴之恩累积，本来不计回报，忽然有一天，却得到了回报，会让人感觉收获了很多，一如佛家的“布施”，通过这样的方式同样能让自己获得信心。

2. 狼 = 专注

狼具有专注的特点，一旦锁定目标绝不放弃。狼在肉食类动物中具有良好的持久性，甚至能持续奔跑 50 千米以上，且在长距离奔跑后仍能以超过猎豹的速度冲刺猎物。同时狼捕猎时通常群体作战，属于自然界中狩猎效率最高的肉食动物。面对体型比自己大的猎物，比狼群大得多的种群，如果是一群区区 20 头左右的狼群出动攻击，仍会占优势。

动物学家观察狼群狩猎驼鹿时，发现狼从不毫无目的地追逐猎物。它们对大群驼鹿先进行观察，然后开始追逐，使鹿群逃窜并分开，在追逐过程中，狼群会分成两到三个小队，每小队轮流冲到前面追逐猎物，如果不是老弱病残的个体，通常要追逐很久，直至驼鹿虚弱到不会对狼群构成严重威胁为止。要知道驼鹿是世界上最大的鹿科动物，体型大小是狼的 2~3 倍，体重更是狼的 10 倍。而狼一旦锁定目标，绝对够专注、耐心，直到驼鹿已完全虚弱，头狼率先咬住驼鹿的鼻子，整个捕杀过程中狼群通力合作，一部分狼杀死猎物，另一部分狼在周围防止猎物逃跑，并防备其他驼鹿的干扰。

“锁定目标，持之以恒”——不要贪多求大，只抓重点，只聚焦一个目标，并持之以恒地坚持下去，直到完成目标为止。把所有的资源集中在一个点上爆破，就像烧水，所有的汽油只烧一桶水，烧到100度，不要同时烧三桶水，那只能烧到33.3度。公司经营就要有狼群这种通力合作，专注目标并坚持的特质，一旦团队目标明确，相互以接力棒的方式协作直至目标达成。

淇丰小绝招 

有竞争，但同样要有团队协作，“团队协作，遵守规则”——争抢冠军归争抢冠军，集团荣誉更重要，一个团队面对工作时要学会相互帮助，相互借力，按规则出牌！

3. 狼＝协作

狼是团队协作的最佳典范，同时狼富有激情、野心，追求个性自由，会在狼群中寻求竞争性，个体狼会在群体里良性竞争，争做老大。

狼群是等级非常森严的种群，在种群里有能力的狼都可以成为头狼，通常以一对优势配偶领导或最强的一头狼为领导，头狼中最出众的则会成为狼王，头狼必须有足够的能力来维持狼群成员的次序，领导捕猎活动。为了保证种群的实力，头狼会不断和其他成年狼进行头领位置的竞争，唯有最有实力者才能获得领导位置。

中国人常以中庸作为为人处世之道，缺乏竞争意识，所以，在中国式组织和团队里缺乏这种主动竞争意识，大家都不敢成为第一个行动的人。

“抢做老大，勇于竞争”——狼群每年竞选一次头狼，而销售团队要有“日冠军、周冠军、月冠军、季度冠军、年度冠军、单项冠军……”冠军时刻产生，要设定不同的目标去达成，抢做老大，敢打敢拼！

有竞争，但同样要有团队协作，“团队协作，遵守规则”——争抢冠军归争抢冠军，集团荣誉更重要，一个团队面对工作时要学会相互帮助，相互借力，按规则出牌！

4. 狼性团队实战演练

我鼓励销售团队设立“队名”“队呼”，比如“狼战队”，学习用狼的精神来实现销售目标——“咬死目标，使命必达”，团队在“狼精神”的作用下创造出一个又一个销售奇迹。

为了把这个价值观落地，我们以大家喜闻乐见的形式，集体创作了一篇宣言、一首诗词和一首歌，让伙伴们随时随地宣诵、传唱，这就是让团队价值观落地的三种方式：宣言+诗词+歌。

狼战队宣言

我们拒绝平庸，

我们拒绝舒适，

没有完成目标就去死吧！

宁做旷野里奔啸的狼，

也不做马戏团里漂亮的老虎。

我们的业绩已不满足于公司的认可，

更要求我们自己的成功。

既定的目标得不到完全的达成，

我们一样愤怒，

因为我们渴望成为英雄！

虞美人·狼战队

昂首长啸五月天，四野战狼聚，乾坤既定放手干，咬死目标誓破一千万！

战天斗地豪情漫，我自尽欢颜，一发不可收，处处签收想刹我无由！

狼战队之歌

狼战人就要奋斗不息，狼战人就要保卫荣誉。守护行动事业啊，数字来证明，咬定目标，使命必达。战旗在飘扬，我们齐向前，教导使命最光荣，最光荣。战旗在飘扬，我们齐向前，行动事业最光荣，最光荣。

狼战人就要奋斗不息，狼战人就要保卫荣誉。皇家军荣誉啊，我们来保卫，神圣职责，用热血铸就。战旗在飘扬，我们齐向前，教导使命最光荣，最光荣。战旗在飘扬，我们齐向前，行动事业最光荣，最光荣。

要打造一个成功的团队，首先需要明确的精神，使团队的价值观保持一致；其次就是要在团队中不断宣传这种精神文化，将这种文化注入到每个人的大脑中。任正非是组织建设的行家里手。他说，思想工作一定要做“势”，即努力造就一种强大的、拥护主流价值观的舆论氛围，明确要求组织内部从上到下要人人喊好、个个赞同。开始的时候，可能只有少数人是百分之百认同,绝大多数人会有不同程度的保留。这不要紧，只要最高管理层是真想、真说、真做，并且长期坚持下去，下面的员工即使认为假的，久了，慢慢也会认为是真的。

团队精神文化还需要坚持不懈，让其具有可持续性，例如华东狼战队里有 6 家分公司，300 人的团队分了 37 个小团队，再如雪狼队、猎豹队等，在整体团队精神之下，渐渐地也就有自己的个性团队精神了。

狼战队子团队精神

雪狼队精神：咬紧目标，决不放弃，永保第一！

猎豹队精神：专业为王、高效制胜！

雄鹰队精神：刷新历史、永夺冠军！

TOP 队精神：冲出重围，直闯年会！要做就做第一！

太阳队精神：团结奋进，开拓创新，超越群雄，誓保第一！

阳光队精神：凝聚意志；捍卫梦想！

飞龙队精神：大爱无疆，飞龙腾飞，笑傲群雄！

大客户部精神：奋斗不息，创造奇迹！

这些团队精神不仅作为团队的口号，坚持在每天的晨、夕会中用语言的方式表达，而且张贴在部门办公区域的显著位置。这样个性化的团队精神有利于鼓励其在小团队中有自己的“第一”价值标准。

团队目标展示

雪狼队	猎豹队
雪狼！雪狼！永远最强！	雄霸天下，唯我猎豹！
雄鹰队	**TOP 队**
鹰击长空，志在必得！	展铁军雄风，铸钢铁意志——我能！
太阳队	**阳光队**
我们的伙伴像太阳，走到哪里哪里亮	狼道精神，零售冠军！
飞龙队	**大客户队**
团队第一，虎虎生威！	卓越群伦，超越巅峰

这个世界上没有失败，只有放弃，凡是没有完成目标的，都是因为放弃了。当放弃成为一种习惯，就永远不会成功了。人的成功都是咬着牙、憋着一口气完成一个个目标的。成功的人拉开差距后稍作休息，当对手追过来时立即行动，让对手始终与你保持难以追上的距离。失败的人则是另一种情况，总觉得前后都还有对手，满足于现在的状况，止步不前。

成功是一种习惯，失败也是一种习惯。我告诉大家，那些在竞争中能做第一名的，往往都能持续做第一名。因为成功的精神力量深深注入了他的言行和思维意识中。

作业

1. 制作你团队的精神口号。

要求:

（1）两句话;

（2）凸显团队精神;

（3）容易表达;

（4）有气势;

（5）能解释。

2. 为你的团队设计一首歌、一首诗词或一篇宣言。

第二章

一个目标——清晰明确的目标

企业应当有明确的发展目标，只有这样才能制订出相应的规划和战略。团队同样必须有团队的目标，没有目标将缺乏方向，有了清楚的目标就等于确认了核心价值、步骤，策略也不至于偏颇。记住：整个世界都会让路给具有明确目标的人和团队的！

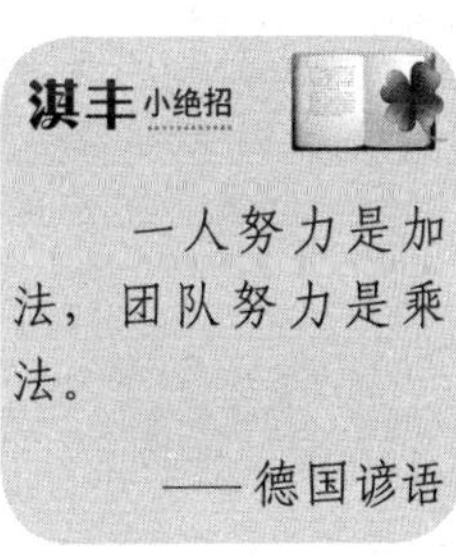

工作目标的“上传下达”

正如教会学员打球的不是教练而是网球，教会业务员销售的不是团队领导而是客户，目标则会教会你如何去实现。正因为先有了目标，才会进步，相应地，能力才会得到锻炼，潜能才会激发出来。

共同的目标是一个成功团队不可缺少的元素，清晰的目标会使团队加强凝聚力，能带来成功，有助于解决团队中存在的问题。

好的领导只有一点：思路明确。

当团队成员必须揣摩上司的意图时，会随之引发出许多纠缠不清的问题，这个团队便开始分化瓦解了，因为无论如何都猜不对领导的思路，这不仅浪费大量时间，还消耗心力。

淇丰小绝招

心理学家丹尼尔·莱文森说过：“梦想具有愿景的性质，是一种想象出来的可能性，让人热血沸腾，活力四射！”

管理的实质就是分配被管理者的时间和精力，当被管理者把时间和精力更加专注于公司价值、客户价值或某件事情上时，完全不同的效果就呈现出来了。毛泽东曾说过：“不打仗，就开会，不开会就一起劳动，把时间用掉就没有时间抱怨、胡思乱想，或干坏事了。”与其让伙伴、成员猜疑，甚至理解错误，不如直接就给出清晰明确的目标，告知具体要实现的结果，让团队成员更好地管理和分配时间，专注在价值最大的事项上。

目标在哪，成功就在哪。目标到底应该设置多大？是很多管理者困惑的问题，过高或过低的目标都会打击员工的积极性。

如何让团队去达成目标，首先要有事业化的目标或者是理想。我主张**“大目标，大格局，大作为”，可以分为目标激发、目标制定、目标宣誓三个步骤来进行。**

原则是目标，激发是想方设法要打动内心深处的内驱力，目标制定要够大、够高、够有挑战性，目标宣誓就是用一切可公开的方法广而告之。

目标激发——生活目标的“软硬兼施”

梦想不应只专注于职业，还包括工作方面、业余生活方面。当组织和团队引导员工反思，鼓励他们发现自我梦想，用整体性的视角综合生活和工作中方方面面的梦想时，会发现员工更有积极性，因为，完成的是一个整体的全面的梦想，不会因为某些方面的缺失而顾此失彼。作为团队管理者，不但要引导员工的梦想，更要传授员工将整体梦想化解为当下的目标的方法。

很多时候，**不是个人没有目标，而是将目标放在不重要的位置上。**

有位区域总监调换到另一个区域任职后，业绩下降很多，在跟进他的业绩的时候，我发现不是客户数量的问题，客户有很大的需求，但是需要有人去跟进和服务客户。问他原因，他却回答销售跟进不及时，人手不够等。我问他为什么不能亲自去服务客户，甚至去收款呢？他嘟嘟囔囔：“我以前在上海时，都是手下去服务、收款，我一个堂堂区域总监去做这个事……”原来，他在上海时只要自己跟进下属，根本不需要亲自接触业务。“到底是你的目标重要，还是面子重要？”这句话点醒了他，他从此走出去参与服务和收款，当月业绩就上升了很多。

淇丰小绝招

“内驱力”，用瑞士著名哲学家、分析心理学的创始人——荣格的观点，就是个人在环境和自我交流的过程中产生的，具有驱动效应的，给个体以积极暗示的生物信号，是一种无意识力量，源于最原始的，积累了整个历史经验的心理体验在人脑中的反映。

生活中有很多令人匪夷所思的事情：有的人仅为了得到一个时尚 iPod 愿卖掉一个肾；有的初中生迷恋穿越，留遗书结伴自杀。有人说这是教育问题；有人说是太过宠溺孩子。我觉得，这是内心对活着的意义、生存的标准迷失了。根本就不重视目标，或直接把目标抛弃了。每个人都希望自己的生活、工作、学习能够更好，但是这仅是内心的期望，并没有成为个人行动的目标，更难成为能用一生的时间和精力去实现的目标。多少人做一天和尚撞一天钟，得过且过了很多年，从来没有发现自己根本就没有目标，没有执行的计划，只有对别人生活的向往和企盼。

人和人的差别，首先在于目标的设立上，其次就是对目标的坚持。可以说，大部分人是没有目标的，因为目标不清晰就等于没有目标。作为领导者必须要辅导员工学会制订自己的目标，甚至预先给员工目标参考，要知道，能够打动员工内心的目标一定要与他当下最想得到的事物相关，要找到他内心中的“内驱力”。

1. 用能唤醒“内驱力”的目标

“内驱力”来自人类最原始的基本欲望，例如温饱、食宿、交往，这是最基本、低级的内驱力。在社会和团体的工作、生活中形成的责任、荣誉是相对更高级的内驱力或称为社会的内驱力。一般说来，高级内驱力对低级内驱力起调节作用，也就是说基本的“衣食住行”是最简单和直接的内驱力。

我提倡每个员工都以“小康家庭”作为目标，并且这个“小康家庭”要**与时俱进，随着时代发展而调整**，这是我持续研究中国经济发展规划目标得出来的最简单、最贴心的目标设置法。

“小康家庭”是邓小平同志在引领改革开放时，率先提出的用以制订总体国家发展目标的策略。正因为用这样简单而又生动的目标设置方式，才让所有人民都能感同身受地理解，同时为改善个人以及家庭的生活而奋勇向前。

1991年国家统计、计划、财政、卫生、教育等12个部门的研究人员组成了课题组，按照中央、国务院提出的“小康社会”内涵确定了16个基本检测和临测值。

（1）人均国内生产总值2500元（按1980年的价格和汇率计算，2500元相当于900美元）；

（2）城镇人均可支配收入2400元；

（3）农民人均纯收入1200元；

（4）城镇人均住房面积12平方米；

（5）农村钢木结构住房人均使用面积15平方米；

（6）人均蛋白质摄入量75克；

（7）城市每人拥有铺路面积8平方米；

（8）农村通公路行政村比重85%；

（9）恩格尔系数50%；

（10）成人识字率85%；

（11）人均预期寿命70岁；

（12）婴儿死亡率31%；

（13）教育娱乐支出比重 11%；

（14）电视机普及率 100%；

（15）森林覆盖率 15%；

（16）农村初级卫生保健基本合格县比重 100%。

2012 年，我国在原全面建设小康社会目标的基础上，提出努力实现国内生产总值和城乡居民人均收入比 2010 年翻一番的新目标，可见“小康”标准随时代发展以及实际情况进行调整具有“与时俱进”性。

所有人都离不开“家”这个范围，每个人都希望自己的家庭生活更美满，所以以“小康”作为综合目标合情合理。

在团队管理中，我的做法是首先依据当地的经济水平设定好“小康之家”的标准。然后，组织目标动员会。以上海分公司为例：

以终为始，先设置目标等级以及需要的金钱损耗。

我们是以企业办公室工作为主，引用潮流的话可以称之为“白领”。社会上有不同“领”的生活水平差别，于是就出现了“蓝领”“白领”“金领”“钻石领”不同的生活消费等级。

根据人衣食住行方面的开支，我们结合销售人员特有的日常开销，参考当下年轻人首要的支出——住宿、吃饭、服装饰品、娱乐、人际关系、服务客户、孝顺父母、积累存款与购置房子等消费项目，得出一位员工的收入水平，达到什么样的标准才会满意。若没有科学的数据可参考，退而求其次，可在团队中寻找相关的代表人物，根据其平均月消耗来作为标准，制作成各等级的消费参考数据如下表（以下数据参考自 2010 年统计数字）：

项目	蓝领	白领	金领	钻石领
住宿	普通合租月租：500 元	一室户月租：800 元	单身公寓月租：2300 元	高档公寓月租：3500 元
吃饭	月：750 元（25元/天）	月：1500 元（50 元 / 天）	月：2400 元（80 元 / 天）	月：3900 元（130元/天）
服装饰品	均：200 元 / 月	均：500 元 / 月	均：2000 元 / 月	均：5000 元 / 月
娱乐	均：50 元 / 月	均：200 元 / 月	均：600 元 /月	均：1000 元 / 月
人际关系	均：200 元 / 月	均：500 元 / 月	均：1000 元 / 月	均：3000 元 / 月
服务客户	均：100 元 / 月	均：500 元 / 月	均：1000 元 / 月	均：5000 元 / 月
孝顺父母	500 元 / 月	1000 元 / 月	2000 元 / 月	4000 元 / 月
积累存款	均：300 元 / 月	均：2000 元 /月	均：8000 元 / 月	均：20000 元 / 月
购置房子	对不起，基本付不起	100m² 首付 20 万装修 15 万月供约 3600 元（不含首付和装修）	200m² 以上别墅首付 70 万装修 40 万，月供约 1 万元（不含首付和装修）	独栋别墅首付 70万装修40万，月供约 3.5 万元（不含首付和装修）
合计需月收入	2600 元	10600 元（不含房租：9800）	30200 元（不含房租：27900）	80400 元（不含房租：76900）

2. 将期望获得的生活与月收入挂钩

通常，一个人的收入大都来自工作，我们暂时不考虑其他财务来源，仅讨论通过工作业绩实现目标收入。对于销售人员而言，收入与销售业绩应是有直接关系的。

将期望的生活目标与工作目标相结合，例如，想要成为金领，每月合计收入需达到 3 万元，假设底薪为 2000 元，产品销售金额为 5000 元 / 单，提成以 5% 计算为 250 元，那么要实现 3 万元收入，就需要销售 112 件产品。

（30000-2000）÷（5000×5%）=112（件）

也就是说只要每月能够销售 112 件产品，就能实现 3 万元的收入目标，再将 112 件除以工作时间，以 20 天计算，相当于每天销售 5.6 件，进一步缩减到小时，接近 0.7 小时成交一单。也就是说只要以每小时成交一件产品为目标，绝对就能超过 3 万的月收入目标。

与此同时，还要举办“目标动员会”，让个人的目标不仅明确在每个人的内心，更展示在显著的地方，通过多次提醒以及多方面提醒，让目标牢记于心。此时个人的“小康之家”目标已经与个人销售目标结合，我的做法是将与团队成员沟通后的目标、家庭生活层级做成展示板挂在墙上，同时将月目标进行公布、对比，这样更能激起良性竞争的心态。

3. 当下最想要的

每个人的人生或多或少总有些追求，都希望自己生活过得好，期望家人幸福。也许有人会说，每个人的想法和价值观不同，到底以什么作为优先参考来设置目标？我的意见是“住”，为什么会以住宅这个需求作为最容易设立的目标，这来自我的亲身体会。

我的人生就是因为“住”的需求而改变。我在云南的时候条件并不好，住的是一个月 95 元房租的小房子，周围的邻居层次比较低，甚至不乏不法分子，吵架、骂街、打架，实属平常。其实，这些人就是因为穷而住在那样的环境中，在那样的环境里是很难安心睡眠的，自然也难以在白天精神饱满地工作，不好好工作也就没有良好的绩效，结果导致收入不高，生活清贫，这是一个恶性循环。

人之所以贫穷，根源是思维的贫穷，总以为自己是贫穷的，所以很难成为富人。

当年，我决定要改变自己的环境，因为环境改变一切，孟母为子而“三迁”，我索性决定到上海来挑战自己。对于云南小山村而言，上海绝对是极大的不同。我来到上海后，首先从住宿进行改变，我选择的是那种一个月7600元租金的全精装公寓房（大安花园），当然，我当时是难以负担这么多的费用的，必须与人合租。当时合租的6个人，5个从英国留学回来，1个是外国人，我努力为自己营造更能让自己成长和发展的环境。我当时正在学习和演练赢利模式的内容，下班后对着他们演练，几乎天天如此练习。很快，不但对产品有了进一步了解，同时也让自己的口才得到了锻炼。

淇丰小绝招 

作为团队管理者，有责任和义务帮助下属员工获得更好的生活，帮助他们提升，这种提升包括内在与外在的提升，对于销售人员而言，提升自己的形象是基本的外在提升。

住的环境一定要改善，因为环境可以很大程度地影响一个人。我是草根出生，现在住在上海松江区的别墅里，小区里的人都具有较好的背景，交流的内容大多与国际经济、环境趋势有关，并不是说乡野市民难有高远视野，只是相比较而言，人在别墅区这样的圈子里，受环境熏染，你会更加主动地学习和提升自己。

作为团队管理者，有责任和义务帮助下属员工获得更好的生活，帮助他们提升，这种提升包括内在与外在的提升，对于销售人员而言，提升自己的形象是基本的外在提升。

常人都难免以外观和衣着来判断对方，我当年在做竹地板销售时就清楚地认识到了这一点。身边都是身穿 20 块钱衬衫的同行，客户也会认为你销售的地板价格很低或者不值得高价。你必须为自己打造好一点的“马鞍”，去追求你当下想要的。

目标制定——大目标，大格局，大作为

几乎每个人都有这样的体会，如果考试的目标是 90 分，那么平均都在 85~93；如果目标是 100 分，通常是 90~100 分的区隔；如果目标仅仅是及格，那么通常都是在不及格或刚刚及格的地方徘徊。实现的结果通常会比目标低，如果目标设置的不够高，那么结果必然与期望值有较大差距。

要知道**目标设定的原则——不是根据现有的能力、条件、资源来设定目标。目标的设定必须需要付出一定的努力，需要“跳一跳”才能够得到，目标是按照下一个想实现的阶段来制定的，建议以超越公司目标大空间的大格局来制定团队目标。**

例如，普通销售人员根据优秀销售人员的成绩来设定目标，优秀销售人员参考销售管理人员来制定综合目标。最佳方法是上级目标乘以 130% 作为下级的目标，举例来说：总部下发分公司销售指标 1000 万元，分公司乘以 130% 得出 1300 万元作为目标。假设分公司有两个团队 A 和 B，两个团队平分目标各得 650 万元，团队接手后再下发目标到个人时，要

求每个人在自己所领目标上乘以130%，最终目标变成指标的160%，这样用总目标1600万元目标保证公司1000万元指标的达成！依此类推，这样在完成目标的同时才会有进步。

某年3月，我接手上海分公司时，很多人建议我不要挑战100%增长的目标，那时候我手下的6名得力战将（销售总监）被派去支援其他分公司，划分给我所辖区域的客户减少20%，连老客户都被拨走20%，而且这一年已经过去3个月了，很多人不相信我能实现，甚至连实现一半都觉得很难，因为我需要重新组建团队并培养中层，然而当年我与我的团队不仅实现了100%的增长，更是超过了增长目标20%，再次成为集团的冠军。如果没有挑战高目标的大格局，无论如何也不可能达成业绩增长。

不论是在工作绩效、理财还是减肥上，我们身边总是有些原本不是非常突出的人，表现却令人刮目相看。“因为他们有硬目标。”为IBM、微软、默克药厂、万事达卡等顶尖国际企业进行多年领导力训练的教练顾问墨菲明确指出，**目标越具有挑战性、越困难，达标率比简单目标更高，因为具有挑战性的目标能够激发潜力，迫使我们跳出习惯框架，做到过去做不到的事情。**

其实，目标是少数我们真正能够掌控的事项，是我们自己设定的指南针。目标设定到哪里，注意力与行动力就被引导到哪个方向。但是，我们通常没有善用目标这个工具，让例行性的、没有经过思考的、可有可无的目标塞爆了日程。

真正该设定的目标，是一两个让我们做出大改变的“硬目标”，促使我们做到连自己都意外的成绩。如何运用完整、适当的目标设定法，让自己突破现状？下面，让我们来看一下设定高挑战“硬目标”的四个方法“HARD”：

淇丰小绝招 

“我们在制定目标时，常陷入明确数字的迷思——一开始就要求员工把模糊不清的大目标，转换成容易衡量、可以分析的数字。正确的做法是要求下属在能说出对目标的“感觉”前，要先“分析”目标。

1. 找到内心热切的渴望（Heartfelt）

有多少次被问到目标时，我们的回答是“这是爸妈想要的。”“这是老板要的，非做不可。”我们常忘了问最重要的问题：“我真的在乎吗？这个目标值得我去努力吗？”

任何目标在执行的过程中，都会遭遇挫折，如果不是自己真心想要完成的事情，通常难以全力以赴，容易放弃。

我们在制定目标时，常陷入明确数字的迷思——一开始就要求员工把模糊不清的大目标，转换成容易衡量、可以分析的数字。正确的做法是要求下属在能说出对目标的“感觉”前，要先“分析”目标。

不是数字不重要，但是只谈数字会抹杀了所有令人兴奋的元素。目标只有“需要”的标签，没有“想要”。

即使他们知道自己“被分配”到要完成多少数字，但是目标没有生命力，员工没有发自内心去完成目标的强烈动力，很难持续努力。

2. 为目标制作精彩预告片（Animated）

如果减肥是你的目标，是时时刻刻计算还要减 10 公斤、9 公斤，还是脑中不断浮现自己可以穿进 8 年都穿不下的深蓝色合身牛仔裤，再搭配网络上买的那件小号衬衫后时髦又受人注目的样子，让你有动力朝目标前进？

具激励性的目标，要能够可视化，要能预见未来梦想成真的一刻。拍目标预告片，要将自己放到那个影像当中，仿佛已经实现一般。然后，将这个预告片和团队分享，让他们也可以看到这个影像，一起努力达成。

作为团队管理者要努力去创造“真实、鲜明的影像”，让大家感觉仿佛已经达成目标了一样，才会被激励。

3. 创造行动的急迫感（Required）

如果心里出现“明天再开始吧”这几个字，等于是宣告目标失败，因为那通常就是“永远都不会去做”的意思。

目标通常是要求，为未来的好处付出努力。一般人倾向享受当下，看重现在能够得到的，而不是未来能够得到的，所以容易拖延目标迟迟不肯行动。要增强行动力，不妨将一些达成目标的好处转移到现在，也就是将目标分解成小目标，达成后对自己进行奖赏，以此激励自己。

可以用两个简单的问题，把当下的努力变得更有价值：我从当中学到了什么？这与我的大目标有什么链接？让自己感觉，现在已经分享到了一点达成目标的价值。

4. 目标难度高才能激发潜能（Difficult）

绝大多数的人都有极大未发挥的潜能，如果我们没有突破性表现,通常不是因为我们缺乏所需的才能,而是欠缺激励。心理学家研究发现，困难的目标之所以能够成功，是因为它强迫我们投入更多心力。

在设定挑战自己能力的高难度目标时，通常都会害怕失败，其实，失败并不是来自目标困难，而是来自我们只专注于一定要做出特定表现，而忘了可能必须先学习一些基础技能。如果目标是自己没有基础的领域，先设定学习目标，让自己看到学习成果，更具激励价值。

再问一次：你的目标是什么？你的目标够硬吗？制定你的“硬目标”，让人生更充实，不仅让自己，更让别人对自己刮目相看。

发挥团队力量来成就共同目标的要领，既能“大”——大到足以追求共同的方向与理想，又能“小”——小到只在执行上鼓励大家各自发挥所长。这个“小”来自进一步**系统清晰的分解工作目标，**再大的目标通过分解才能清晰，通常的分解方法可将目标根据时间、人数、区域等来划分。

企业家、管理者绝对不要限制自己的发展，把自己能够成长的空间限定在一定的高度，很多人不是不能做到，而是一开始就把目标定低了。

国家对于中小企业的规模判定是3500万元以下，人数

100 人以下，这并不是说中小企业难以达成到 5000 万元以上的规模，而是很多中小企业管理者把自己限定在 5000 万元的空间里了。

2011 年，我有一个客户（童装销售代理商，有 10 个门店）设定的目标是 1800 万元，因为其 2010 年的目标是 1500 万元，新的一年不能没有增长，所以略微增长 20%，即使这样已经让其中层管理团队感觉难以实现，纷纷找出各种理由拒绝执行目标，如资金上涨、竞争品牌促销、年后人员没有到岗等，为此，老板非常困扰。

于是，我建议老板计算一下各门店、人员的人均产值，1500 万元是 10 个门店，每个门店 150 万元，每个门店通常 3~5 个人，按照 3 个人计算，那么就是人均年 50 万元销售额，按照年 300 天来计算，每人每天就 1667 元，再除以 8 个小时，每个小时 208 元，按照他们产品的售价（中低档）基本上就等于在一个小时内只要卖掉 1~2 件童装，老板听了后开始反思。

在我的建议下，老板将店长邀集到一起，询问了各门店的情况，这才了解到，事实上好的业务员在一个小时内就能销售千元业绩以上，普通的业务员 1 小时卖掉 1~2 套童装都不觉得难。于是，老板开始鼓励业务员挑战千元业绩，相当于 5~6 件原价童装、10~15 件打折童装或 3~4 套新生儿套装礼盒……通过这样的详细分解，甚至划分到了等于多少件衬衫、相当于多少条裤子，这让店长都开始觉得目前的目标定得太低了，最后集结所有人的目标和意见，把目标定位到8000万元，到2011年年底，该客户公司的总销售额是5800万元，增长了3.8倍。

本来是想也不敢想的目标，经过分解后发现自己团队的潜力远非如此。这样的案例比比皆是。领导者永远不要给团队设定增长低于50%的目标，无论对个人还是团队，目标本身就是最好的激励，如果没有参考的目标数值，建议可以用增长150%的目标作为目标设定的依据。

经常听到老板、管理者评价员工对工作缺乏投入的动机，只会等待指令做事，看不到他们的努力与部门、公司目标之间的关联。想要激发员工的激情，就要让他们“见树也见林”，让他们清楚地知道自己的工作对于部门，甚至是整个公司的重要性。必须要向员工解释“为何而做”，仅仅交代需要进行的工作，很难让员工真心投入。关于这点，有效的方式是，与团队共同沟通整体的策略，将自己的愿景清楚告知每个成员，让每个成员都具有对整体目标的全局思考。

作为第二次世界大战后日本最大的破产企业，2010年日航负债2.32万亿日元（约合256.5亿美元），市值仅1.5亿美元，可以说困难重重。当时78岁高龄的日本经营之神稻盛和夫接手日航时，并没有多少人相信这种情况能够改变，因为当时

日本的经济发展已经非常缓慢，不少企业都有经营难题，何况这样的破产大案。

稻盛和夫与松下幸之助、盛田昭夫、本田宗一郎被并称为日本的经营之圣，他是四圣中唯一健在者。27 岁创办京瓷，52 岁创办 KDDI 的稻盛和夫，将两家企业都先后推向世界 500 强的巅峰，京瓷更是创下了 50 余年没有亏损的纪录。

据稻盛和夫自述，当时他出任日航董事长基于三个理由：拯救日航就是拯救日航的几万名员工免遭失业；拯救日航就是重振日本经济的信心；拯救日航就是给日本国民选择航空出行的自由。如果日航倒闭，全日空将会一家独大，没有竞争，服务无法保障。他将这种思想带进了日航，把拯救日航并在既定日期实现赢利的目标带给了日航的员工，让每个人都非常清楚整体的目标，以此让员工思维方式改变，开始自我拯救。正由于稻盛和夫这样直接公开整体目标，并在内部员工中达成一致，所以很多措施都能够顺利实施，得以大幅削减成本。例如，裁减 1 万多名员工，这在以前是不可想象的事情，因为这会引起政府和工会的大力反对。

到 2011 年度，日航已赢利 2049 亿日元，2012 年 9 月 19 日，日航空重新登陆东京证券交易所，距离它向法院提交破产保护合计 2 年零 8 个月，意味着重建基本完成。

从负 2.32 万亿日元到赢利 2049 亿日元，2 年 8 个月实现了如此巨大的增长，如果没有一开始就制定改变破产赢利的目标，单纯性期望减少破产损失，那就不会有日后再次成功的日航。

我们经常看到员工拒绝老板设定的高目标，因为他们认为，一切的成败都是由外在的力量控制，自己无能为力。对于这样的员工，在下达目标时，首先要帮助他们克服心理上的障碍,转变思维方式成为内向思维,从自己的角度来找方法，而不是从外界找借口。其次，可以先定出一些容易达成的小目标，或将大型项目或任务切割成几个部分来进行，让他们获得快速达标的成就感，这样有助于建立实现目标的自信。

没人想住在贫民窟，人人都希望能够改变自己、改变家族的命运。2008 年我设定的目标是，本年度一定要结婚买房子。设定目标后，我咬牙拼命干业绩，从 120 万元冲到最后 2800 多万元的业绩，稳拿了公司第一，挣得了我自己 147 平方米房子的首付。

2009 年，我下定决心要买辆路虎，至少 80 万元，年底业绩比去年同期增加 1000 多万元，我的目标又达成了。2010 年，我希望实现出版一本自己撰写的书，更希望能有个健康快乐的宝宝。当年《决不销售》成功出版，并获得经管类图书不错的销售数额，同时我也有了一个可爱的女儿。因为设定目标，我所希望的都实现了。

只要敢想，对自己狠一点，狠三年命运就改变了。

有了明确的高目标后，必须将这个目标的信念深深种植在每个人的心里——“有梦就一定能够实现”！

目标宣誓——种植目标信念

设立目标的行为不是一次就结束了，为了达成销售业绩，需要定期组织回顾目标，甚至反复传达实现目标的好处，让个人的目标时刻印记在心上，到处可见，并让所有人都知道他的目标，在众人的监督下，这样的目标更容易实现，我的方法是组织轰轰烈烈的“誓师大会”。

1. 精心准备

这样的“誓师大会”需要精心准备，以每个小团队为一个中心，每个销售人员都要上台，同时带着自己近期的生活目标，以及达成此生活目标的对应销售指标，在所有人面前展示自己的梦想，并阐述对应目标达成的方法措施，即对所有人回答以下问题：

（1）你的目标是什么？

（2）你为什么要完成这个目标？

（3）如果完不成这个目标怎么办？

（4）完成这个目标有什么样的好处？

当你公布自己目标的同时，其实不得不与其他人的目标对比，在这样公开的场合里，就好像形成了彼此衬托的鲜明对比。假如A设定了销售收入目标50万元，想要去海南旅游，而当他看到B不仅设定了去海南旅游，更想到要给父母添置礼物，销售目标提高到100万元，对A而言，他会觉得自己没有顾及父母，必定会有种被比下去的感觉，因此，也就必然会重新调整自己的目标。

有些人真心想不出要用什么来做目标，尤其是刚毕业的或者说新人来说，本身就很迷茫，这种时候往往很容易被感染，对他们而言这也是一种学习和参照。

每一次的目标动员会，都能听到很多感人的故事，有的人为证明自己；有的为孝顺父母；有的为结束漂泊的生活；有的为给孩子更好的教育……每每此时，团队所有的人都能打开自己的心扉，为自己爱的和爱自己的人做出庄严承诺，每个人都被无数次感动。公司目标在此刻也变成了爱的音符，在每一个人的生活里流动起来！

淇丰小绝招 

对于团队则要展示团队的士气，小部门的团队负责人还必须提及团队目标达成后部门能够获得的益处，激发员工的团体荣誉感。

2. 用奖励激发荣誉感

在“誓师大会”上还要对达成的结果进行奖励，例如上季度、上月度成功实现目标的，利用这种公众的时刻让实现目标的人获得更多成就感。

对于团队则要展示团队的士气，小部门的团队负责人还必须提及团队目标达成后部门能够获得的益处，激发员工的团体荣誉感。有得必有失，还要讲明达成不了的处理后果。要让员工记得，所有的惩罚都不是我给你的，是你自己承担的，这就是让销售人员自己承担所有的好与坏。这种时刻会有不同人做出不同的承诺，往往那些敢对自己重奖重罚的人，大多能够成为业绩高手。你的生命品质之所以没有别人的高，是因为你对自己还不够狠，你年轻的时候不对自己狠，到年老的时候势必就会后悔。正如古语云：“少壮不努力，老大徒伤悲。”

3. 让目标时刻记在心上

通过目标激发、目标制定、目标宣誓，团队及个人责任感被彻底激活了。每个人都制作了如下表格，贴在自己的工作台上！天天看，月月对照，上月没有完成的下个月补，从此不再觉得完成目标是为公司干，而是为自己干，为自己美好的明天而奋斗，工作开始变得自动自发！

XX 目标分解表　　（单位：万元）

<table>
<tr><td rowspan="4">目标分解</td><td>1 月</td><td>2 月</td><td>3 月</td><td>4 月</td><td>5 月</td><td>6 月</td></tr>
<tr><td>10</td><td>20</td><td>20</td><td>30</td><td>40</td><td>45</td></tr>
<tr><td>7 月</td><td>8 月</td><td>9 月</td><td>10 月</td><td>11 月</td><td>12 月</td></tr>
<tr><td>20</td><td>30</td><td>40</td><td>30</td><td>50</td><td>70</td></tr>
<tr><td>合计</td><td colspan="6">465 万（备注除却特殊月份，日目标下限：2.5 万，周目标下限：10 万）</td></tr>
<tr><td>承诺</td><td colspan="6">我某某庄严承诺：
如我能年底完成目标，我给自己的奖励是到马尔代夫 7 日游，
若完不成，我亲自手抄 20 遍《世界上最伟大的推销员》，
我为自己的承诺负 100% 责任！
签字：　　　　监督人签字：　　　　2012 年 11 月</td></tr>
</table>

牛根生说过“勉强成习惯，习惯成自然，最后就自然了”，

销售团队管理者首先要自己做好榜样，再去要求团队成员如何做，即便是勉强，时间长了也就成了习惯，自然而然变成了本能。

每个人都必须时刻与目标同行，作为管理者更要时刻把握目标，同时，时刻提醒团队成员。

如何能让成员把目标时刻记在心上呢?

首先，在团队管理过程当中一定要做“三比、三对照”。即每人每天对照目标、对照过程、对照结果，进行“目标汇报、目标达成、情况分析”。

其次，每一天进步1%。即通过在团队中公开演讲的方式，将目标以及达成情况，未达成或达成的原因和经验进行分享，同时也锻炼了个人公开演讲和沟通的能力。

作为管理者，培养下属是责任，我采用的是每天“7+1”的培训模式——每天上班7小时＋培训1小时，不断地提升能力。之所以没有钱，是因为你没有赚到钱的能力，所有的障碍都是无知，遇到不能处理的问题就是因为你没有这方面的知识，所以必须通过学习和培训掌握大量的知识和技能，进而来改善自己的未来。

作业

思考以下问题:

（1）在公司整体战略下，是否每一名员工都知道自己该做些什么？

（2）怎样才能进一步激励员工追求目标，超越自我，实现更高的价值?

（3）成功对于你和你的企业来说意味着什么?

（4）你是否明确知道公司的目标是什么?

第二部分

组织成员

通过价值观激活团队精神后，要让团队有危机意识；通过目标设立激活了个人的责任感后，就需要管理者组织成员了。

企业的短期发展考验的是经营者能力，中期发展是靠产品，考验品牌的能力；而企业要长期发展靠的是团队，这是考验人的能力，尤其是管理者的组织能力。

这个“组织”是动词的组织，是有目的、有系统集合的意思，我倾向于这样解释：“按照一定的宗旨和目标，通过调动人员实现一定的管理目的。”

我的方法是在团队中树立一个标杆，利用榜样的力量激活动力，同时在销售团队中始终树立一个对手，通过内部 PK 激活销售能力。

第三章

一个标杆——意义非凡的英雄

崇尚英雄，是人类共同的精神品质之一，能够成为英雄，事迹不敢说惊天动地，但必定是做出了可歌可泣的事。从历史上就很容易看到，每个时代都有这个时代典型的英雄，而这些英雄往往代表当时的社会走向，表明一种团队价值的倾向。当这些事迹通过宣传和表彰奖励，不断延伸、拓展并丰富，就会由个别现象演变成为群体现象乃至一种社会现象，这何尝不是一种潜在团队价值观培养的方式？

淇丰小绝招

“领导者不懈地提升他们的团队，将他与团队的每次相遇都作为评估、指导和培养团队自信的机会。”

——杰克·韦尔奇

现代战争中的女性英雄角色，几乎所有人都能回忆起来典型的英雄形象刘胡兰。试想一下，按照当时宣传传递的效率以及情况，一个14岁的少女，还不是党员，更没有突出的事迹，居然成为家喻户晓的英雄，不断有各种文章报道她，甚至后期还拍成电影，这本身就是为了引导一种精神。

历史证明，成功的组织必然会有数名英雄，在不成功的那段历史里，英雄也存在，只是特质并不那么明显，不能为所有民众直接理解。无数成功的销售团队也证明了高业绩销售团队必然有不止一名“英雄”。

抓典型，树标杆

人作为智慧生物，具有与生俱来的模仿习惯，只要与己有差异的行动都会在潜意识里不自觉地模仿，无论是好是坏。作为团队管理者，自然希望团队往好的、既定的方向前进，那么，就必须有好的行为宣导。之所以提倡宣传“英雄”，就是为了在销售团队中树起一个标杆，提倡一种导向、一种追求，不断挖掘其成功的经验以及成功后的光辉形象，使之“定格”在人们心中，充分发挥“标杆”在销售中的引领作用。

有句话说“时势造英雄”，很清楚地说明了“英雄”这样的人物是在一定环境、一定目的下烘托出来的。乔·吉拉德之所以成为销售人员心目中的“英雄”，是因为他的很多行为在当时是不可能的，也是常人不愿意去做的，而他成功的销售业绩更让他成为销售人员心目中的“神”。事实也证明，把乔·吉拉德作为榜样的人，基本上业绩都不错，因为在视其为榜样的时候，已经在模仿和学习他的成功之处、他的为人处世方式以及他的销售方法了。

团队管理者必须学会聚焦一个“英雄”或者说“标杆”的角色。塑造这位标杆的意义在于明确告诉所有人，为什么要关注榜样。

塑造这样一位榜样时，要注意这位榜样能够让潜在的模仿者感受到,通过模拟榜样的行为,同样能够实现生活的改善。

1. 从第一名身上总结成功经验

一个伟大人物之所以伟大，并不是因为他个人的才智而使得伟大的历史产生别样的风貌,而是因为他所具备的特点，使他自己最能对当时所在的团体或社会有所贡献。对于销售团队而言，所要推崇的一定是销售冠军身上直接导致销售成功的那些要素，例如坚持、自信等。

如果仅仅让第一名作为一个名誉冠军，不让其分享其成功经验,对于团队而言无疑是一种浪费。一个人能够成为冠军，自有他的“道”。作为团队管理者有必要总结冠军成功的经验，并鼓励其分享这些经验。

这样的分享对整个团队、对销售冠军、对销售新人都是有利的。

对于销售冠军而言，要把自己成功的原因进行总结，并提炼成可以分享、传授的内容和方法，需要自己花时间、花心力，这样的不断总结对个人进步也是巨大的，很多销售人员从来没有总结过自己成交的原因，甚至自己也不明白为什么就成功了。缺乏这样的总结，就难以探寻出未来走向更大成功的因素，假如销售成交只是偶然的好运气，未来的成功也会变得十分罕见。有些人担心，分享成功经验，会不会让销售冠军的秘籍被学、饭碗被抢？不会的！这样的担心，反而会固步自封，限制自己在销售上创新与发展，最后也会影响到业绩。

对于销售新人而言，分享更是好机会，通过这样的分享去学习销售冠军多年来成功的方法，能够迅速学到销售技巧与方法。

对于团队而言，通过分享能够提升整体的业务素质。

2010年，培训界还很少有个人能够成就一单500万元以上的单子，当时我们团队就有一位成员居然一单就超过了590万元，这在我们这个行业是不容易的，这个成绩甚至相当于不少公司一年的业绩。当时我们团队还没有能够成交大单的人，所以，这位销售员（我们暂且叫她为小李吧）必然是我们当之无愧的“标杆”。当时还没到年底，也没到月底，但是我仍在成交后第二天就立即组织成功经验分享会。那时小李还很害羞，上台分享时只是像流水账一样把整个过程述说一遍，全体成员羡慕、敬佩的掌声让她非常感动。那个月的销售冠军最后仍是小李，当她再次分享自己的成功经验时，她明显进行了总结和提炼，并罗列了自己的一些方法，甚至回忆了当时打动客户的词句等，这对其他销售人员来说，无疑是一笔不菲的财富。

在小李的引导下，整个团队对于大客户有了更多的信心，她自己也觉得有更多的后续追击动力，临近年底时，她的这名客户已追加到800万元。而她也已多次分享经验，在整个集团都很有名气，演讲与分享能力有了很大的提升，她的分享也让团队中出现了其他数笔百万以上的单笔销售。

年底开总结会时，小李跟进的这名客户最后成交金额已为 1000 万元，她是当之无愧的冠军。她坦诚地说，如果不是当时一次次逼着她去分享经验，不会给她带来这么大的危机感，让她继续追加成交金额，在所有人面前展现最好的一面。

2. 悄悄帮助“第二名”获得成功

为什么要悄悄地帮“第二名”获得成功呢？这个获得成功是什么意思？

如果始终只有一名冠军，对于团队而言，会让人感觉成为冠军很难，因为一直以来站在高位的都是同一个人。作为冠军个人而言，长久以来都是自己，高处不胜寒，也会缺乏挑战性。

冠军是骄傲的，甚至会和第二名差距很大。作为团队管理者，要“悄悄”帮助第二名成功，为什么要反复强调“悄悄”？自古以来我们都崇尚一对一的较量，如果直接去帮助第二名，那么即使第二名成为冠军也胜之不武。

淇丰小绝招 

冠军是骄傲的，甚至会和第二名差距很大。作为团队管理者，要“悄悄”帮助第二名成功，为什么要反复强调“悄悄”？自古以来我们都崇尚一对一的较量，如果直接去帮助第二名，那么即使第二名成为冠军也胜之不武。

这个“悄悄”体现在销售管理中一些消息的披露上，很多时候销售人员不到月底往往不清楚自己的业绩总额，更别提明确知道其他人的业绩金额，销售管理者可以有意识地对潜在的冠军或者业绩第二名的成员，有意无意地说出冠军现在的行踪、业绩，让潜在冠军感受到自己的差距，又发现这样的距离是很容易跟上的。这样，他才能够有目的性地立即行动，追赶冠军。

我对于团队成员的动态比较关注，我经常会到他们的办公区域去了解情况，这时我会刻意透露一些信息给这些团队成员。

比如，有一次销售冠军出去与地方行业协会洽谈合作，我对所有人说：“我刚批了小王的出差申请单，他要去温州商业协会洽谈一笔100万元的合作。”有些人是听过就算了，但是对于那些同样准备拼搏销售冠军的人而言，这些信息很有作用，从听到信息的那一刻起，他们内心就在计算自己与冠军的差距会是多少。这个时候，我会在单独走到潜在的冠军面前，对他说：“小张，加油啊，你现在的业绩是70万元，是很有机会冲击月冠军的，如果小王成交了就是100万元，你只要多31万元，那么这个冠军就是你的了。”

有时候必须将冠军与第二名的数字差距刻意拉小点，如果差距很大，时间又很紧，那么对于挑战者而言，很可能会因为差距太大而主动放弃。

假如临近月底小王的销售业绩是85万元,小张是45万元，我会这样做，告诉小王：“小张最近跟一个大客户要成交40万元，他现在业绩是45万元，最后时间你要加紧啊，不要把冠军拱手相让啊。”对小张，我会这么说：“小张啊，你现在和小王的差距不大，你现在45万元，他就55万元，距离很近啊，你只要成交5个课程，一个客户团购就能绝对超过他了。”

但是要切记，管理者不要直接提供资源，这会影响正常竞争的公平。可以在公开的沟通中提及一些自己的成功方法，尤其是一些第二名目前面临的影响销售业绩突破的因素，比如，可以请客户转介绍，临近月底的时候，是不是可以再次打一下以前沉寂很久的客户电话？通过透露客户竞争对手的动态，帮助客户尽快选择。第二名往往对于这样的信息都比较有心。

3. 倡导新冠军的成功特质

当成功帮助第二名登上冠军领奖台后，团队管理者还需要去做的一件大事，就是必须去提炼这种成功的特质，并在公开场合不断宣扬。因为这位新冠军有成功挑战冠军的特质，而这些特质可以让其他的团队成员有信心和能力去挑战冠军，同时也是为了帮助他们更快捷地提升业绩。对于很多销售经理而言，自己做业绩不难，但让他总结为什么自己能够成功，到底成功的特质是什么，或许就没这么容易了。经过这些年的自我总结，以及对于团队冠军的总结，结合高效团队需要具备的一些特质，我认为以下特质在销售团队中值得提倡：

（1）学习力。学习力是销售员很重要的特质。在团队成员中倡导相互学习的文化，是因为这种主动学习、主动去吸收别人成功经验的方式能够带来更多的成功，同时，学习力能够让销售获得更多的内容，以便时刻能够与客户有话题沟通。

（2）敢于尝试。如果不敢尝试，那么就没有人敢挑战第一名，那就永远实现不了内部你追我赶的良性竞争。每次拨打陌生客户的电话，叩开潜在客户的门都是一种尝试，作为销售人员必须要有这样的敢于尝试的心。

（3）企图心。销售员本身会具有一定的目标和企图心，但是更要有成为未来冠军的信心，就算现在是“菜鸟”，也应该志存高远。如果做销售员连成为冠军的企图心都没有，那么绝对不可能会成为业绩高手。

（4）勤奋。所有的一切都不是偶然，是必然的行为导致的结果，这样的结果来自比别人打更多电话、拜访更多次，更用心服务客户，自然会感动客户。

冠军会有很多特质，每个行业、每个企业的销售团队性格都不同。在一家公司里，同一个部门里，不同的销售人员有不同的特质。销售管理者要有意识地去分析，哪些特质比较适合现有的团队成员？哪些特质是现在团队所缺少又能直接影响业绩的？要明确哪些是积极向上、能实现业绩目标所需要的特质，哪些特质是最不能在这个团队存在的，甚至会影响团队和睦以及团队业绩的。总而言之，上述的四点特质对于所有团队都适用，可供参考，当然绝对不限于这些，**管理者要有分析以及鼓励团队文化的能力。**

榜样不是作秀，必须是真正去学习落实在行动上。作为管理者必须不断地发出向先进成员学习的口号，要时刻提醒团队，现在已不是过去“上面讲话，下面训话”的时代了。当然，随着时代的发展，每个人都有多种方式来接受信息，尤其是电脑和网络的普及，很多人喜欢即时通信工具，在这样的背景下，与团队成员沟通，我除了编发短信，更是充分利用网络工具，例如微博、微信、QQ 群。以下内容摘自我的微博：

提倡做第一：你的选择＝你的命运，选择冠军，你就是做第一的命！

鼓励立即行动：躺着睡，站着想，总归一句话，既然你要做的事，需要站着或坐着完成，就别躺着想。躺下的脑袋，没有资格为要站着做的事情作主。老是赖床做梦的人，很难在真实世界有大的成就。

抓住目标不放弃：一只鼬鼠要与一只狮子决战，狮子果断地拒绝了。鼬鼠说："你害怕了吗？"狮子说："如果答应你，你就可以得到与狮子比武的殊荣；而我呢，以后所有的动物都会耻笑我竟和鼬鼠打架。"不要被不重要的人和事过多打搅，因为成功的秘诀就是抓住目标不放，而不是把时间浪费在无谓的琐事上。

管理者要与时俱进，学会利用通信工具，尤其是现代工具，与自己的团队保持一种时刻在联系的状态。

淇丰小绝招

当你把一位第二名扶持成为冠军后，作为销售团队的管理者，你必须再找出下一个"第二名"，并且不断复制"第二名"，因为你要创造更多的冠军。

4. 冠军再造

当你把一位第二名扶持成为冠军后，作为销售团队的管理者，你必须再找出下一个"第二名"，并且不断复制"第二名"，因为你要创造更多的冠军。

在销售团队的人员管理上，要划分出哪些是你的核心人员，哪些是值得培养的人员，切记不能把目标仅聚焦在第一名上，虽然我们**提倡要做第一名，但是管理者的眼光必须盯在第二名**上，以此来不断寻找下一个能够成为冠军的潜质人员。

成功者之所以能够成功总有必然的方法，例如目标客户的数量、拜访量、电话量等，管理者要学会去分析销售冠军的数据，比如，多少个潜在课程能够成交一个客户？多少的陌生电话量能够出现一个订单？多少次的拜访甚至多长的周期？最快成交的时间是多少？短信成交的案例有几个？用了哪些要素、话术打动了客户最快成交或者成交大单？要时刻对这些数字非常敏感，因为这些都是你能塑造标杆的必要数据。

很多销售人员只要提升 20% 的业绩就距离第二名不远了，而提高 20% 对于这些销售人员来说往往不难。

充分利用文字的力量

作为一个销售团队的管理者，要学会充分利用文字的力量来激励团队，培育标杆。我经常在销售的各阶段原创一些战斗口号，不少是改编自著名诗词，比如《满江红·众志成城》，这是年中时写的，号召团队为下半年业绩目标冲刺，摘录如下：

满江红 · 众志成城

群情激奋，八月头，剑拔弩张。谈笑间，打款正忙，签单成行。一个个拼命三郎，两千万轻松肩扛。无须想，使命记心间，焉能忘？

冠军奖，犹未凉，总裁奖，杀破狼。捷报频传，个个登金榜。英雄笑谈签单忙，指点江山话成章，天可鉴，完成两千万，朝天阙！

年轻人是现在流行歌曲的主流受众，鉴于销售人员都比较年轻，除了诗歌之外，我还把一些当时的流行歌曲进行改编，使其成为队歌甚至在年会、誓师大会上一起唱，通过语言的力量，把这些字眼打到心里。

2010 年年初，当时我作为华东区负责人，为了号召整个华东区全体销售人员成为冠军，成为志存高远的人，去实现每个人的冠军梦想，根据《传奇》改编了销售人员的《传奇》：

只因为在名单中多看了你一眼，
再也没能忘掉你的头衔，
梦想着在赢利模式课上相见，
从此我开始每天的想念，
想你时你在公司，
想你时你在休闲，
想你时你在会议，
想你时你在家园。
宁愿相信我们已经有约，
今年的学习课程不会再改变，
宁愿用这一生等你发现，
学习会改变命运。

只因为在课程上多看了你一眼，
再也没能忘掉你的容颜，
梦想着教导模式课上再见，
从此我开始愉快的思念。
想你时你在天边，
想你时你在眼前，
想你时你在脑海，
想你时你在心田。
宁愿相信我们已经有约，
今年的学习课程不会再改变，
宁愿用这一生等你发现，
学习会改变命运。

2009年年底，距离12月31日还有8天，我改编了这首歌曲，同时号召所有成员相互传递，在当时用博客、短信、QQ群传递给不同地区的所有同人：

各位战友，请相传如下歌曲，在岁末8天的最后征战中，我们每个伙伴必须全力以赴地去冲刺我们的目标，众人拾柴火焰高！每个公司、每个团队必须发扬集体主义精神，战斗到最后一天、最后一刻！

众人划桨开大船

一支竹篙呀，难渡汪洋海；
众人划桨哟，开动大帆船。
一棵小树呀，弱不禁风雨；

百里森林哟，并肩耐岁寒，耐岁寒。

一加十、十加百、百加千千万，

你加我、我加你、大家心相连。

同舟嘛共济海让路，

号子嘛一喊，浪靠边，

百舸嘛争流，千帆进，

波涛在后，岸在前。

一根筷子呀，轻轻被折断；

十双筷子牢牢抱成团。

一个巴掌呀，拍也拍不响；

万人鼓掌哟，声呀声震天，声震天。

同舟嘛共济，海让路，

号子嘛一喊，浪靠边，

百舸嘛争流，千帆进，

波涛在后，岸在前。

从标杆到“冠军森林”

当你只有一棵树的时候，泥土很容易流失，当你有一片森林的时候，泥土流失量降低，这是所有人都知道的。作为团队管理者，要打造一片“森林”，每个人都持续出单，必须要不断分享成功经验，让每棵树苗都能茁壮成长，到最后能够独当一面，这样一来，整个团队都将成为郁郁葱葱的森林。

有人问我，作为销售团队管理者，是要鼓励团队合作还是要鼓励单兵作战？是要彰显个人价值还是突出团队价值？用一个比喻，你是要“花园”还是要“森林”？

“花园”毋庸置疑需要修剪，并且需要塑形，“花园”式管理者就好像园艺师，外形是第一重要的，不允许园里的花草按照个性来生长，对于所有的花草都必须修剪，就像把黄杨修剪成球形，或者把冬青树修成低矮的竖排。就好像有些管理者，一开始就对销售人员定型，从新员工入职开始，就规定销售的方法，给名单后，首先发资料，发好资料后等客户电话，客户来电后约了拜访，然后拿样品及一些纪念品过去……诚然，必要的销售流程能够帮助新手学习并成交，但是将销售过程定死，甚至把很多成交的范围都框死，有时候反而束缚了销售。这就好像园艺师那样，限制了植物的生长，也许在外观上具有整齐干净的造型，但却缺少了能够让人惊艳的独特特质。

我们来反思一下自己，你是否有这样的情况，或者你经常会听到这样的说辞？

下属说要去外地参加潜在客户的集会，你说：“不可能成交的，不要去了！”

“那个客户太大了，我们是小公司，不会成交的！”

“我们都是开展销会招揽客户的，你那样做肯定拉不来客户的！”

“听我的，不要去了，发个传真过去就好了！”

甚至到后来就有可能会有这样的话“到底你是领导还是我是领导？”

本来要自由生长的苗子，就这样硬生生地被你剪了，接着就看到一批一批几乎从一个模子里出来的销售员，用着你或者你以为的方式去做销售，不仅打击了原本的积极性，更让销售只能限制在一个高度上。

我更倾向于“森林”式的管理方式，团队管理者是护林员，什么是护林员？护林员不会去限制林木的生长，他或许会去栽种树苗，但是几乎不管树苗。在森林里的各种苗木优胜劣汰会自食其力，护林员只要定期巡视，检查有没有问题，有没有火灾的隐患，有没有乱砍滥伐。

淇丰小绝招 

真正的对手会灌输给你大量的勇气。

——卡夫卡

一个聪明人从敌人那里得到的东西比一个傻瓜从朋友那得到的东西更多。

——格拉西安尔奇

销售团队中每个人都会有不同的方法，管理者要监督的是有没有违背道德以及规则，存不存在不合法的行为，有没有因此做出不利于正向、良性竞争的事情。除此之外，还要预防这样的事情发生，当事情发生的时候要进行和谐的调节。让每个人充分利用自己的智慧博采众长，就好像森林里会有不同的植物，有各自的生长方式一样，有的寄生在大树上，有的在树底夹缝里生长，有的悬挂在石崖上，全都靠自己原本的生态本质去生长。销售团队就是如此，鼓励依靠自己的实力去实现自己的业绩提升，鼓励各种方式的百花齐放。

没有人说过森林不是一个整体，虽然每株植物都是单独的个体。用“森林”式的管理方式，团队是一个整体的，又可以让每个人的个性得以保存。

俗话说得好“林子大了什么样的鸟都有”，对于一些“特立独行”的人是控制还是引导？在此特别要强调的是，越是销售高手往往都是有自己想法的人，高手都是有个性的人，控制和打压容易遭到反抗，就好像弹簧一样，压得越高弹得越高。不如顺势往你要的方向引导，这个时候要充分利用公众的力量，每个人内心都有向善的部分，或者说正面的心理，引导其成为榜样，自然会约束自己的言行。

每个团员都有个团徽，当你带上这个团徽的时候，你会发现你将有意识地控制自己的行为，因为那是一种荣誉，团队的整体荣誉。

有次去德国旅行，在瑞士琉森有座英雄纪念碑，是一头狮子，纪念的是法国大革命时，为保卫法国国王路易十六而战死的瑞士雇佣兵。当时攻击王宫的是持有武器的巴黎市民，他们要求国王退位，守卫王宫的近卫军是约600人的瑞士雇佣兵，即便不是本国的君王，但雇佣兵一样誓死捍卫，他们捍卫的是瑞士雇佣军的荣誉，是作为拥有十字勋章士兵的荣誉。瑞士的雇佣兵在世界闻名，直到现在，在梵蒂冈守护教皇的仍是来自瑞士的雇佣兵。

为此，我特别定制了我们狼战队的徽章，只有狼战队的成员才能有这样的徽章，我要引导狼的文化在我的团队里落地。管理者要学会引导销售团队的文化朝向，无论是徽章、荣誉或者任何方式的激励都可以，只要帮助他们找到提升个人价值的动力就可以。

作为团队管理者，如果要去管每个人，不是累死就是烦死。要让每个人都能自我管理，我提倡每个人都是领导者，要相信每个人都有管理自己的能力，与其指手画脚，不如让其明白个中道理，自我改进与管理。

这里不得不提海底捞。海底捞的服务有目共睹，最关键的是没有人只当自己是一个员工，无论是传菜、清洁，还是领位，他们都是管理者，是海底捞这个门店的管理者，正是因为有这样的思维，所以不会出现有些岗位在忙，有些岗位空闲。传菜员传出去一趟菜以后总是捎回一筐脏盘子，领位有时也会帮着收拾，每天歇业之前的上客低谷期，传菜员、服务员、保安都会到洗碗间洗碗、擦盘子，他们的自觉性、自我管理的精神，值得每一个团队学习。

在我的团队里，每个人都是管理者，都要把自己当成未来的领导。这就要求他们必须自我约束行为，不断学习。同时我对他们充满了信任，我相信这种相信的力量，正因为如此，一直以来我为我的团队自豪，他们能够将团队的目标作为第一目标，在思考取舍以及事项时，会优先考虑团队的利益，这就是鼓励个性而又不怕个性影响团队的原因，因为你是个管理者，你就必须顾及团队。

只有这样的组合才能获得有个性又有自我管理能力的优秀团队。

作业

找出团队的“英雄”：

（1）你现在的团队有没有这样的“英雄人物”？

（2）你希望你的团队里呈现什么样的特质？

（3）你团队里有哪位成员具有这样的典型特征？

（4）结合这个人物设计剧情，让他成为“英雄”。

第四章

一个对手——相互鞭策的对手

“独孤求败”是武侠小说里的名字，他为什么会起这样的名字？他为什么会不停地寻找高手比武？因为没有对手是很痛苦的事，对手有时就好像知己，在不停地提醒自己不能落后，要超越就必须自己去不断练习和提升。挥刀舞剑的瞬间，比拼斗势的刹那，内心有无比的满足。

一个人如果没有了对比、寻找差距的参照物，也就没有能够让自我认识和提升的提示，对手是最好的参照物，也是最好的动力来源之一。每个人的人生过程里都有这样的对手，小时候对手是邻居、亲戚、或父母同事的孩子，那是父母为了鼓励你向上；读书时会有成绩榜，也在提醒着你努力向上；工作后，这些对手就变少了，很少有人这样善意地为你安排对手。但成功的人却在不同阶段给自己设定对手。作为管理者，有责任和义务让团队成长，亦师亦友，更要有意识给销售人员设立对手，一方面通过内部良性的竞争激发持续的冲劲，另一方面，这是

帮助年轻人成长以及持续改进自己的良好机会。

“双子塔”效应

自然界中群居的动物里，作为“王”的那个角色身边总有个竞争者，时刻在窥视领导者的位置，让“王”不仅要保持警惕，还要让自己更加强壮有力，以保持地位不被夺走。

可口可乐对应百事可乐，肯德基对应麦当劳，苹果对应三星……一个高手身边总伴着一个高手的影子，这个影子时刻希望能够占据顶峰，就好像双子塔一样，各自独立站立但又相互影响，因为有这样的对手，所以逼着第一名不断向更好、更强去发展。可口可乐能有现在的世界地位，和百事可乐有很大关系。

淇丰小绝招

自然界中群居的动物里，作为“王”的那个角色身边总有个竞争者，时刻在窥视领导者的位置，让“王”不仅要保持警惕，还要让自己更加强壮有力，以保持地位不被夺走。

观看体育比赛会给我们不少启示，竞技类体育活动都会有对手，即使没有对手也必须模拟一个对手，想象对方的出招，自己的回避，自己如何进行下一步的进攻，对方后续可能的回避，对于这样的回避如何化解，等等。

太平盛世里为什么还要经常举行“大比武、大练兵”，就是为了通过实战演练让士兵对于操作以及必要的解决方法熟练于心。销售管理者多数是从一线开始的，对销售必然有自己的方法，尤其在一个企业或者行业的时间久了，难免因为太过于熟悉而缺乏一种“竞争”心理，缺乏狼性。

我遇到很多企业，在行业发展好的时候销售非常轻松，根本不用打电话，只要等着电话来协调送货就好，甚至还有排队来订购的，而且还忙不过来。等到行业不好的时候，大家却已经习惯了这样坐等的方式，面对行业的下滑，面对客户消费习惯的改变很难接受。这样的境况下，销售员大不了换家单位，倒霉的是管理者、是企业。所以我提倡在销售管理中有竞争，要在内部经常有意识地组织一些“练兵”“PK”，让竞争成为常态。如果连内部的竞争都获胜不了，更不要去想在外部获得竞争胜利。

量级管理

如何让竞争的管理日常化，我总结了以下 3 个方法：

1. 通过目标设定量级

首先要通过目标设定“量级”，这有点像体育比赛的不同级别，比如说在举重、摔跤中为了公平，会设置 55 公斤、60 公斤、70 公斤、75 公斤等级别，目的是为了让同一个级别的选手能够公平竞争。

销售管理也是如此，不能让一个新人与销售冠军同时 PK，也不能让没有资源的人和有资源的人比拼，那样在单位时间里不公平，我的方法是根据总业绩以及个人业绩的排名来分析。

首先，统计所有人近 6 个月的平均业绩，这个数字增加

30% 就是挑战目标，同时对比团队成员的挑战目标数据，将数据比较接近的作为一个量级，对于这个量级的小团队目标，取小团体个人目标的中间值，建议取整数，同时一个量级的人数建议 2~3 人。把所有销售团队的员工化成几个量级，相近的人成为一个量级，所有人都有个明确的月度指标，同时列表让大家都明确。

假设，一个销售团队有 8 个人，从 1 月到 6 月的业绩如下表：

XX 销售团队业绩（单位：万元）

姓名	1 月	2 月	3 月	4 月	5 月	6 月
小张	20	30	50	60	100	60
小王	30	40	40	50	40	70
老陈	15	20	25	20	18	19
老范	20	10	50	10	20	25
李平	5	8	10	6	5	19
小静	10	0	60	0	0	200
小周	25	20	21	30	22	25
老马	0	0	20	5	10	15

统计各自平均值以及挑战目标，如下表：

XX 销售团队销售平均值及挑战目标（单位：万元）

姓名	1 月	2 月	3 月	4 月	5 月	6 月	平均数	挑战目标
小张	20	30	50	60	100	60	53.33	69.33
小王	30	40	40	50	40	70	45.00	58.50
老陈	15	20	25	20	18	19	19.50	25.35
老范	20	10	50	10	230	25	22.50	25.35
李平	5	8	10	6	5	19	8.83	11.48
小静	10	0	60	0	0	200	45.00	58.50
小周	25	20	21	30	22	25	23.83	30.90
老马	0	0	20	5	10	15	8.33	10.83

小张是最高的，其次小王、小静是一个量级，老范、小周是一个量级，李平和老马是一个量级，分别再把他们作为一个量级的 PK 对手（见下表）。

XX 销售团队量级 PK

A 量级	小王、小静
B 量级	老范、小周
C 量级	李平、老马

2．“错位”了的级别机制

单纯分级别还不够，要有意识进行“错位”的级别机制。体育竞技中体重教练会常用这样的技术，例如对于 55 公斤级别，只能挑战 70 公斤，但是教练告诉他可以挑战 80 公斤。

这样的方法，对于平均业绩较稳定以及业绩起伏很大的人都适用，尤其适合后者。对于业绩稳定的跨量级不能有较大幅度，对于业绩突出的人可以挑战 2 级的跨越，例如案例中的老陈，可以让他挑战 B 量级。

这样分级的目的，对于那些认为自己目前不具备实力的销售人员，是一种刺激，刺激他为此提升业绩，但是需要就人员进行选择，通常可以选择平均数值低，但却很有潜能的销售人员，可以让他尝试跨量级，例如让小周挑战 A 量级的。

有些人的业绩有偶然性，对定的目标没有信心，也可以参考用这个方法来刺激他跳涨量级。例如上述案例中的老范，最高业绩有过 50 万元，最低是 10 万元，我就支持他，告诉他：“老范，你之前虽然有过 50 万元，但是那是运气好，其实我觉得你是 30 万元量级。”这是一种沟通艺术，根据个性做出错位量级。

好强的人需要适当地打压他，要说不行，否则他将自我膨胀，骄傲自满。对于没有信心把目标拉高的人，管理者则需要鼓励他，并列出为什么能做到的原因，鼓励其具有实现高目标的信心。没有拿过冠军的销售员是非常遗憾的，至少要设定一次做冠军的目标，例如日冠军、周冠军、月冠军。

我把这个方法分享给其他销售管理者、老板，戏称“该死的业绩排名、可怕的数字游戏”。我每天用各种途径把现在每个人的业绩排名告诉他同级别的人，一般用短信（可以让助理协助发短信）方式，包括月度目标、完成比例、完成量、年度指标、年度完成率、每个人排名、所属团队排名。

这种方式尤其适合销售型公司，偶尔为了激励某个人，可以把他 PK 的对象做个调整。当他没信心时，那个人目标和他的成绩相对接近，看到接近的差距，以便实现超越；当信心十足时，可以把对手目标调高的比例增大，这个比例一般是 20%~30%，以便激励他产生更大的动力。的确会发现数据不吻合的情况，但是员工也不会责怪你，因为他们已发现自己的业绩比没有对手时高多了，基本上都会会心一笑，他们实现并超越了目标。哪怕在私底下开句玩笑说我“毒”，但他们内心仍对我十分感谢。

3. 让“虚荣心”鲜活起来

很多人认为“虚荣心”是个不好的词语，假如我们用更注重生活品质这样的词来代替它，则会容易让人接受。提高生活品质是谁都想要的。销售行业与其他行业相比，会更注意形象以及生活的品质，本身这个岗位就比一般岗位更有挑战性，能做销售的人通常对自身的形象、生活品位都有所追求。

管理者要提升团队业绩，适当利用这种追求，让“虚荣心”鲜活起来，能够让销售员更有动力，但是要切记，所有围绕的主题是为了让生活品质提高，形象提升，要站在对方的心理角度来激活他们的斗志。

例如有个业绩做得不错的销售员，平常用的是COACH的包，用业绩奖金新买了一辆宝马3X，我会这么对她说：“你开着宝马，但是却用COACH的包，感觉不是很适合，这个包还是帆布的，是不是要换个包？LV有个款式的包我觉得特别适合你，一看就是成功的女性，提着会给客户无形的信心，一看就知道你业务能力强。正好有个朋友去香港，要不要带一个回来，下个周就可以提。”

每个人都有对美好生活的向往，想让别人眼中的自己更有成绩，让别人羡慕，因此会设定生活中的一些物质品牌追求。假设一个LV包2万8千元，提成按10%计算，需要多出28万元的业绩，尤其是提到下周就有这样的机会，就会让销售员去想如何尽快出单，一旦成功，当月销售就会多出28万元的业绩。

这并不是要过于追求物质，只是建议能够改善生活，例如更换智能手机、iPad，这些都是额外的业绩要求。

当然，这一切的前提是需要对团队人员非常了解，知道员工近期想要什么。对此，我有个员工沟通记录表，半年做一次沟通，亲自来进行沟通，同时可将目标和规划达成一致。

除了量级的对手外，还可以建议组成“AB”搭档，彼此PK，启动内部成员的良性竞争机制。刘翔比赛的时候跑得最快，在赛场上发挥出超人的成绩，在训练场上往往打破不了记录，因为没有对手没有参照物，没有奋力拼搏的环境。

成功需要对手，业绩的差距，容易让彼此更能直接看到对手的行动，以激励各自开展提升业绩的措施。我建议销售员自己挑选对手，而且是在公开的场合里，公开选择对手。

淇丰小绝招 

既然是良性竞争就一定是公开的，所有的机制都要透明，你的对手要明确知道你在与他竞争，而且“战书”是要公开的，这叫“亮出你的宝剑”。

对于销售管理者，如果团队里一开始就没有这样的PK文化，那么在引导时可以有意识地分析个人的业绩，取平均值，根据平均值进行排名，间隔只有一个人差距的人不适合作为挑战对手，至少是相差两个层级的，比如说第四名与第六名，第三名与第五名。一个人既有自己的挑战对手，自己也应该是别人的挑战对手。

既然是良性竞争就一定是公开的，所有的机制都要透明，你的对手要明确知道你在与他竞争，而且“战书”是要公开的，这叫“亮出你的宝剑”。

这不是玩笑，是郑重的承诺，所以要交“战书”，包含“对赌惩罚”。要让你跑出速度，最简单的方法是放出一条饿狼来追你，就是找个对手。假设恶狼的牙齿有病毒，你会跑得更快。每个人都需要对手来激发潜能，用“对赌机制”来让人们产生痛苦，然后拼命逃避痛苦。“对赌机制”类似一种约定，不少上市公司都在用它，例如股东和董事会利用一定的资金收购某公司的股份，这个资金会高于市场价格，但是要求被收购的团队必须完成一定规定的业绩指标，否则这个股份的钱就要扣除或者降价。销售的“对赌机制”也是如此，彼此约定必达成什么样的业绩，如果达成不了是怎么惩罚，如果达成了是怎么奖励，例如请客吃饭、一项公开的表演、团队卡拉 OK 等。在这个过程中，必须要获得对手的同意并双方各自签字，人手一份。如果好几个人的对手都是同一个人，只要该对手同意，可以使用连环套的方式，叠加奖励。

对于 PK 中没有取得桂冠的成员，我提议要给胜利者鞠躬，一方面表达了自己的敬意，另一方面提升了作为冠军的荣耀感。

“阿芙精油”是家成名于淘宝网络的电商品牌，据业内人士称，它 2012 年销售额破 4 亿元，其有一个被称为“怪胎式”的激励方式：没有明确的绩效指标，全靠“赌术”。它虽然是一家化妆品公司，但运营模式更像一家游戏公司。

一次，“阿芙精油”要在淘宝首页投一个焦点图，创始人孟醒让大家下注预测焦点图的点击量，预测最接近的员工有一次扔飞镖中奖的机会。靶上的数字从 1 到 500，如果扔到 500，当月工资就可以加 500 元。

孟醒还喜欢和员工打赌，赌下个月能完成多少指标。2011 年，他贴出告示称只要销售业绩过了 1.1 亿元，就请所有员工去一趟马尔代夫。结果那年“阿芙精油”的销售额达到 1.3 亿元，为此孟醒自掏腰包 400 多万元请大家出国旅游。他还让员工自己下赌注。有人要按摩卡、有人要 iPhone 5s，如果员工达成业绩，都能拿到想要的奖品。有员工在公司论坛上说喜欢吃鼎泰丰的包子，当这位员工达成目标后，就真的得到一张鼎泰丰的单年卡，可以在一年内无限次享用鼎泰丰的包子。在众多的“赌注”中，价值最高的奖励是一辆奔驰车。

当然，“阿芙精油”也有惩罚机制，但从不罚钱，也没有固定的惩罚措施。与奖励方式一样，员工可以自己提出惩罚建议，看上去有些娱乐化：例如，没达成指标的小组成员每人要吃一瓶海南最辣的小尖椒，或臭豆腐配榴莲……虽然号称是惩罚，但大家都玩得很开心，这激发了团队的凝聚力，非常符合85后、90后把“工作当玩游戏”的绩效模式。

淇丰小绝招 

我提倡这样的文化——“我成功我快乐，我失败我成长！”获得冠军是一种成功，是值得高兴和自豪的。

孟醒还抓住了85后、90后大多是“吃货”的特点，专门聘用了曾在万豪酒店和私人会所掌厨的大厨为员工做餐点，但这不是无偿的。公司会根据表现和业绩向员工发消费券。晚上只要过了6点，每人都有加班晚餐。为了吃好，很多员工心甘情愿地留下来加班。到了周末还有露天烧烤、免费按摩、免费美甲，这些都充分满足了年轻员工追求愉快工作氛围的心态。

“阿芙精油”虽然没有明确的KPI，但通过营造员工喜欢的氛围，让员工拥有很强的归属感，费用其实比直接给加班费的成本还低。

我提倡这样的文化——“我成功我快乐，我失败我成长！”获得冠军是一种成功，是值得高兴和自豪的。没有成为冠军，在业绩比拼这件事情上是失败的，但是在这个过程中必须要有所学习和收获，对于个人是一种成长，下次这将成为自己挑战冠军的优势和方法。成功了获得奖励会越来越自信，即使PK失败了，因为有成长，所以仍然是有收获的。

团队氛围往往是越PK越热闹，既是伙伴又是对手，对手是相互学习交流的榜样，在这种其乐融融的气氛中，不知不觉会自我总结、总结别人、群策群力，团队整体能力会在不知不觉中得到提升。

也可以跨越量级、职级，甚至范围，例如总监和员工之间许诺，可以在各个销售阶段，针对的项目也可以很多，电话量、邮件数、短信比赛……各种名目的PK，有了竞争机制和PK文化，团队成员会自己组织。就好像军队大练兵、大比武，战士平时枯燥的训练固然能够提高一些技能，但是不能有效持续，要把苦练变成有趣的比赛活动，这样才能既轻松又成长。这就像母狮子一样，日常让小狮子相互撕咬追逐做游戏，最终是在训练对付猎物的各种本领。

销售团队要营造一种“笑傲于群峰之巅”的你追我赶的局面，让所有人都朝着一个目标前进，彼此竞争，最后所有的人都陆续达到巅峰。

提升“核心”竞争力

销售管理者有时不得不让团队成员业绩快速提升，例如在1周，甚至1天内快速提升业绩。快速提升是有方法的，我称之为“三个核心的运用”。

这“三个核心”，分别为核心客户、核心产品、核心员工。首先从销售管理角度本身就应时刻关注这三个“核心”，意思是说每天、每周、每月都要盘点这3项，快速发掘20%的优秀伙伴、20%的大客户，并把单价或利润率最高的产品单项或打包销售给客户。对于核心员工，主要是根据能力判断；核心客户主要是大客户，就是从购买力、决策力，还有当下紧急的需求来衡量其情况。管理者可以通过开会来判断，至少每周一次，分别对重要客户、重要产品进行梳理。

例如，找出团队中按业绩排名占前20%的员工，可以就以下问题提问：

你手上有哪些大客户？要能够具体说出客户的企业名字以及能够决策的购买人的名字。

你判断大客户的依据是什么？接着，引导将大客户进行排序，首先是购买能力，能够购买多少量；其次是最重要最紧急的需求情况；最后是成交综合难度。从这些成交难度上进一步分析，哪些难度能够立即转化？

你的大客户有哪些需求？要去分析员工大客户的潜在需求，员工有可能对这个行业不够了解，或者对这个企业挖掘不够深入，有可能会错估企业的需求，这就需要对应企业需求部门的人数以及以往消费习惯，如产品、产品价格。管理者对每个核心客户的情况要了如指掌。

对于类似门店、连锁店经营的模式，客单价以及人数可能难以明确，但是可根据市场和人流量来估计，没有所谓可控不可控的间接因素，建议门店店长可以记录客户信息并记录消费金额。有了这些基础信息后，短时间要实现业绩的提升，就可以分析这些常客、购买金额较大的客户的特质，因为物以类聚人以群分，这类客户的特质就是该门店大客户的特质；其次可以对老客户进行营销回访，比如告知新品、促销、折扣、活动等。

参考“国策”——一个中心、两个基本点、四项基本原则的方法，我拟了个销售管理推进业绩的规划方法。

一个中心：对于销售管理者，需要定期总结工作，这个总结是为了梳理和明确当下的工作，找到重点尤其是最核心的关键问题；

两个“基本点”：解决这个核心问题必须具备的两个要素，假如有超过两个以上的要素，那么逐个剔除，必须只留最重要的最有影响结果的两个要素；

四项基本原则：要解决这个问题就要把时间、精力、人力、财力进行最有效、最大化的集中；罗列出当下不能触碰的原则，就是原则底线。对于任何一个项目，甚至一个目标必须要有完成的时间底线。

只要管理者能自己梳理清楚这些，那么其他方面的问题也就迎刃而解了，因为他已经抓住了大方向。

这个方法对于个人职业生涯同样有效，能够帮助规划自己的目标。

我曾经有段时间自主创业，做地板行业，从个人的理想角度感觉自己似乎走偏了，于是我制订了5年的规划：

一个中心：以人生的成功为中心，也就是我的事业成功为中心；

两个基本点：一是自己能力持续提升；二是收入的持续增加；

四项原则：坚持跟对人；坚持培训行业；坚持演讲和管理并进；坚持艰苦奋斗作风；

主要矛盾：日益发展的培训需求和落后的个人能力之间的矛盾。

这就需要我把大量的时间放在个人能力提升上，当时我太太参与一家美容机构的经营，而且生意还不错，根据这样的规划，我太太就要照顾家庭以便让我能够全力以赴在事业上。为此我和太太沟通，她在家承担照顾的责任。同时我制定了每年财务收入目标，并且落实到每月、每周、每日销售的目标上。2007年我支付了经营地板项目后续的70万元资金，到了2008年，除了支付的70万元，我还赚回了90万元。我本来是不善于公开演讲的人，因为定了要将管理与演讲并进的原则，我对着镜子连续4个月，每天1个小时反反复复讲同一个主题。通过1年80多次小范围的演讲训练和尝试，我从原来不敢在台上讲课到演讲能力得到大幅度提升，也增加了自信。此外，我还大量阅读书籍，平均1个星期至少读4本书。

为了自己所爱的事业，所有人都会特别积极，那个中心必定是心中最重视、最重要的部分，这个可以是长期规划，也可以是短期规划。

如果是短期的规划，有个关键词“我为兴趣狂”，每个人要为感兴趣的东西设定一个目标，可以自己设定，但是要与销售目标结合。建议销售管理者要通过沟通了解员工的兴趣与爱好，鼓励和提倡每个人找到自己感兴趣的东西。在业务时间做自己喜欢的事,自己会有满足感,工作会更有满足感。

作业

1. 为团队设置AB搭档:

(1)为自己首先设计一个“竞争对手”。

(2)你打算如何来组合并推动团队成员的AB搭档?

2. 推动业绩的核心:

(1)请立即罗列一下你的核心员工(团队人数20%)。

(2)请罗列一下你的企业当下阶段的核心产品或服务。

(3)核心的20%的客户,请写下他们的企业和个人名字。

第三部分

激励成员

有功自下往上开始奖励，有过自上往下开始惩罚，这的确是激励团队的妙招，可具体如何执行呢？

作为销售团队的管理者，首先你就是一个“自热体”，你必须首先是个啦啦队队长，去激励团队往你希望的方向行进。

第五章

一个“啦啦队”队长——激情飞扬的舵手

对于一个组织来讲，士气至高无上！不是说一个组织有了士气，就一定会赢，而是说一个组织没有士气，就肯定会败！士气是一个组织的意志，一个组织的精神，一个组织的气势，一个组织的作风！著名军事家拿破仑有句名言：军队战斗力的四分之三是由士气组成的。所有经历过失败的企业家都感叹："企业里没有任何东西比员工的士气更重要！"因为他们经历过当一个组织不能"一鼓作气"获得胜利时，跟随而来的必然是"再而衰"的无奈和"三而竭"的失落！可惜的是，我们总是在士气泄尽、失败已定的时候，才猛然悔悟：原来士气真的是可鼓而不可泄的！

士气是不会从天上自己掉下来的，鼓舞和激励士气是一个营销组织最基本的工作，就像会议和培训一样。所有的营销组织都必须重新审视自己类似培训和会议这样的最基本的工作。会议不仅仅是用来解决问题的，培训也不仅仅是用来传播知识和理念的，它们更重要的目的是鼓舞和激励士气。

淇丰小绝招 

彼得·德鲁克在《卓有成效的管理者》中提及：光奖物质不奖精神，会让你的员工唯利是图；光奖精神不奖物质，会让你的员工缺乏狼性。

你的会议解决了问题，你的培训传播了知识，但如果降低了士气，你的营销仍会失败！

人会趋利避害，你奖励什么就做什么，有什么样的制度就有什么样的行为，有什么样的行为就造就什么样的文化，根本不管老板、高管所谓的远景、规划，对目标的推动还是要落实到奖惩制度上。

淇丰小绝招

李开复曾说过管理者3%的时间想处罚，97%的时间想正面激励。

DDI（美国智睿咨询有限公司）在分析一项针对全球企业员工的调研后发现：一位有能力的领导者必定能够激励员工，使其能竭尽全力达成最好的工作成果，然而近半数受访者认为他们的领导在这方面做得不好。

2005年，杰克森机构针对31家组织26000名员工的调查显示：最会激励员工的前四分之一公司，营业利润率平均达6.6%；而最后四分之一，也就是最不会激励员工的公司，营业利润率平均只有1%。换句话说，善于激励与不善激励的公司，利润率可以相差5%以上！

“尊重员工的想法，毫不吝啬地奖励员工和团队，不仅能挖掘员工潜力，而且能够使企业成倍增长。”这是皇明太阳能集团董事长黄鸣的原话。但是不光是销售管理者，包括企业管理者、人力资源都在困惑，到底什么是能够激发员工的激励？

把员工当成VIP，VIP（very important person）是指非常重要的人物。企业对VIP客户，往往掏空心思，对于员工激励同样要采用VIP服务的思路，用心经营，了解需求，投其所好。

奖励激励

奖励激励是最为普遍的一种激励方式了，当实现一个目标后，员工从企业或者上级主管这里获得奖励。

1. 物质奖励

有个公司的老板喜欢对手下的业务员进行重奖。如果业务员完成1万元的营销任务，他只从中提取五分之一——2000元，而让员工拿走五分之四——8000元。这样的结果是，业务员为此都很感激他，工作积极性高涨，一个个如拼命三郎。

有人对这个老板的做法不解，说："你怎么这么傻呀？你是老板，完全可以提取五分之四，为什么只给自己留五分之一？"

老板笑了笑，解释说："我现在有100名员工，每人提取2000元，一个月就是20万元，而每个员工仅8000元。重要的不是这些，而是我的重奖模式可以促使我的员工队伍快速扩大，最终受益最多的还是我自己。如果我多拿些，员工的工作积极性势必会减弱，公司的发展速度也会减慢，规模自然会受到影响，可能会一直维持在20名员工左右，人才流动性也会加大，用在员工培训和内耗上的成本将会难以估算。

那时候，就算我从每个员工手里拿到8000元，最终我的收入也不过80万元。如果再减去公司用在员工培训和内耗上的成本，实际到手的则会更少，而且管理起来也会非常累。更为危险的是，因为收入水平低，成长起来的人才留不住，而优秀的人才又进不来，公司最终会逐渐萎缩下去。到时候，烂摊子只有我自己去收拾了。”

淇丰小绝招

某高校人力资源管理所副教授林文政指出，“金钱是财务奖酬里最直接的一种，但单纯给钱，并非最佳激励！”心理学家赫茨伯格（Frederick Herzberg）研究发现，金钱的激励排名，位于很多激励因素之后。他指出，提供额外奖金或者其他物质奖励，只能在短期内激发员工的斗志，但是无法实现长期的激励。

“最近你幸福吗？”这句话最近很火。“幸”字由“+”“一”和人民币符号“¥”组成，意思是管理者多给员工加一点钱，共同富裕，共同发展；“福”字由“衣”“一”“口”和“田”组成，泛指“衣”“食”“住”，我对此的理解是，要比以前更好一点，让员工有更好的形象，更好的工作环境，作为一名管理者，员工奖励必然要围绕这些开展。

奖要奖得“心花怒放”，罚要罚得“胆战心惊”，我认为销售的提成可以高，这样是为了激励团队的销售业绩。我建议销售经理自己冲锋上阵的业绩比例绝对不能超过50%，对于新任销售经理而言，尤其是业绩冠军转型的，在过渡期内自己的业绩会是新团队的业绩支撑，通常全部销售提成的90%是员工的，10%是作为管理者的提成以及部门活动或激励。

2. 精神薪酬

奖金不是万能的，虽然不能忽视金钱的力量，但精神比金钱更重要，人们对鼓励及赞美的渴求远远超过现金。

许多销售人员本身收入就不菲，根本不太重视钱，反而比较在意“精神薪酬”。

销售管理者要满足员工的情感的需求，包括专注聆听、运用同理心、有效地参与支持。如果能够有效处理与员工的沟通互动，几乎任何时候都能让对方的工作效率提高至三倍以上，这也是一种激励。邀请一起午餐，甚至在员工加班的时候给一个面包都是一种激励。激励未必是需要很多金钱才能实现的。

淇丰小绝招

拿破仑曾经惊讶地说：“我从战争中学到最让我惊异的事，就是一个人会愿意为一条绶带而死。”绶带并非金钱，有人却愿意以生命交换，凸显其激励效果惊人。

中国台湾Timberland（天柏岚）商务经理（台湾区总经理）苏雯玲没花一毛钱，只用E-mail就让第一线销售人员重拾战斗力，连续两年冲上亚洲冠军！该公司门市销售人员，每天打开计算机都会收到一封“Power Letter（力量信）”。

一天一封信，让这家公司绝处逢生。2007年6月，苏雯玲接任天柏岚区域销售经理时，业绩已连续两年下滑，当时团队士气非常糟糕，一潭死水，大家都不敢讲话……

苏雯玲很快发现30家门市和柜点，统统都设有电子信箱。她发现该媒介之后，就开始不断写信给上百位第一线的销售人员。几年来从不间断，总共写了1500封信！

每天写，写什么呢？从教战手册、业绩表扬到员工升迁奖励，都是写信的主题。特别是当员工有好的表现时，写信是能实时公告让门市知晓的最好工具。主管通过写信，告诉员工什么是好的行为，也等于说出了主管期望大家效仿的典范是什么。经过一个一个小故事累积，凝聚出团队共识，让大家都站在同一阵线上。

苏雯玲每天一封简短有力的信，散发出的正面能量，转化成了最实质的业绩表现，让业绩止跌翻涨并实现两位数以上的增长，并连续两年成为亚洲区销售冠军，不仅称霸亚洲，还吸引欧洲、美洲和亚洲其他国家分公司轮番取经。现在不管怎么忙，她几乎还是每天一封信。

苏雯玲用的是邮件激励。随着时代的发展，我现在常用的是微信、短信的方式，要写类似这样正能力的激励信，有趣又能激励到人是很困难的，可以把握以下原则：

（1）真诚，有多少表现说多少好话，不要过分夸大；

（2）鼓励要具体（具体的事情），不要抽象，让人能看懂又有机会仿效；

（3）单一主题，一次讲一件事，三分钟就看完，写太多，员工没有耐心看完。

作为销售管理者，要去花时间想用什么样的描述、文字，你的团队成员才能理解。必须要符合他们的实际情况，语调要轻松。如果要点名表扬，那么建议要鼓励其他没有被点名的员工加油。

3. 荣誉奖励

巴顿认为：人最需要的还是精神上的慰藉和激励。士兵们作战主要有两个因素：对指挥官的英雄崇拜和荣誉感。巴顿对部队将士的表彰主要有两种方式：一是授奖授勋；二是发布新闻或战报，大力宣传和表扬英雄事迹。所以巴顿将军一再表示："只要有足够的勋章，我就能征服世界。"作为销售管理者要鼓励团队为了荣誉而战。

这种荣誉奖励是需要精心设计的，销售行业不能只有简单的一个或几个奖项，要有琳琅满目的奖项，比如针对新员工可以设立：第一个出单设"新人奖"，第一个出大单设"新人王"，第一个达成月目标设"新人标杆"。针对普通员工鼓励出大单，可以有"大单王"，连续达标"达标王"，在冲刺业绩的不同阶段都可以设置荣誉与奖励，比如"冲刺王"，等等。尤其是针对业绩高手，你的荣誉奖励必须让他们惊喜，这种荣誉以及对于贡献的褒奖必须是公开的。

全球著名的咨询公司惠悦企管董事长兼执行长何利杰（John Haley）与另一位公司资深副总裁联合策划，从全球6000名员工里挑出11位杰出顾问（销售领域），一同在美国华盛顿一家名为"La Paradou"的著名意大利餐厅进晚餐。丰盛的意大利菜，包厢内13个人围着长桌，轻松的闲话家常，用餐到了一半，何总起身到旁边的小立桌，开始颁奖。他清楚地说出每位得奖者的贡献。轮到魏美蓉时，何总一字一句地说："这一年来，惠悦因为魏美蓉五个成功销售的大单，赢得了200万美元的合约！"

魏美蓉呆住了，她没想到公司地位最高的全球老板，不仅看到了她的表现，还一字一句地现场表扬。这两分钟是她职场生涯最大的褒奖，她感觉他是打从心里称赞认可她。等她回去后不但与人分享这个颁奖情况，而且很快为公司继续争取到了第三个100万美元的销售大单。

精心设计资深员工颁奖典礼，歌声响起，屏幕上，任职多年的老员工，数年前的照片映入众人面前。紧接着，影片中出现老同事、亲友对获奖者的评语与祝福。坐在台下的获奖者原先被蒙在鼓里，直到这一刻兴奋莫名。“我举起火炬，奔跑着上台领奖。原本只期待与以前一样，上台领个奖就下来，没想到他们这么用心……我真的很惊讶！”某公司一名获奖的员工事后说。

业绩推动需要每周进行，每周都要有针对性地对一个奖项、荣誉或者主题进行推动，每周都要庆祝。

要把受奖者的照片高高挂起，形成一面销售业绩冠军的荣誉墙，一方面对于他的客户，能够增加客户对他的信任与信心；另一方面对于他本人而言这更是一种压力，因为谁都能看到你的荣誉，谁都能看到你的成绩，谁都可以来挑战你的成绩。

对于历史上的最高纪录不能只是放在回忆里，放在纪录里，这个纪录是要用来不断打破的。如何打破？首先要让团队成员知道这个纪录，要把最高业绩以及实现者公开——每次打破纪录的人、时间以及业绩数字都必须公布，可以充分利用办公环境里的墙面。

每家企业都常有一些应该鼓励的行为，但是没有最终产生业绩上的结果,这样良好的行为是应该要鼓励的,不要让“雷锋”受委屈，肯定永远比否定重要，无限风光在明天，相信永远是最好的激励。

原动力激励

激励员工首先要找到员工内心的原动力，每个员工都是不同的，但是所有原动力的性质经过我多年的总结主要是以下这些：

1. 先给我一个理由

“我想要”的东西就是最好的激励物，唯有如此，人们才会珍惜并全力以赴，很多时候管理者是按照自己的思维想法来设计激励的，但你想要的也许并不是你的团队成员想要的，激励效果自然会因此大打折扣。

我有个客户，看到很多公司用旅游来做销售业绩激励，效果很好，觉得这个方法不错，于是在第四季度开始在全公司推广业绩。单月个人业绩实现 30 万元以上，奖励与老板旅游一次。老板喜欢户外，想想未必所有人都懂得户外，特地选了相比简单的户外远足项目，时间安排在元旦。没想到根本没有对销售员起到推进作用。想想作为奖励要和老板一起出去旅游，这不是旅游，简直等于是吃苦受累的“受虐游”，元旦假期又短，还不如在家休息，背个背包远足，还和老板一起，谁愿意啊？这个旅游的激励直接无效！

有位主管很爱喝星巴克咖啡，于是买了一沓星巴克咖啡券，送给他认为值得奖励的部门成员。但他却不知道，那群团队成员根本不喝咖啡！送咖啡券不但没有起到激励效果，还凸显出了他根本不了解员工。

有位总监很喜欢万宝龙的品牌，有位新人成为销售冠军后，总监送了一个万宝龙笔记本给他。新人很不乐意，想想自己做了这么多业绩就奖励一个本子。而总监觉得自己送了份大礼，因为这个笔记本价格近千元，还告诉其他同事要向新人学习，他可奖励了新人千元的礼物。而新人没有品牌概念，就觉得总监不仅骗人，还到处宣扬，搞得没心情继续推动业绩。

往往最难的就是知道员工想要什么，一方面花精力去满足，另一方面你难以全部顾及。我的方法是鼓励每个人制作年度梦想板，把想要实现的全部内容都做在梦想板上，图文并茂，还要告诉所有人你的梦想是什么，具体想去哪里，想买什么，想做什么。这样做的好处是让管理者对团队成员的梦想和需求有个大概的了解，可以用统计分析的方法来推算哪些奖励是大部分员工都想要的。

很多员工不知道自己想要的是什么，对此销售管理者可以进行引导。我们常说客户的需求是引导出来的，员工的梦想也是可以引导的，尤其是针对不明确自己想要的是什么的那些员工。例如，可以有意识地分享自己出游的体验、照片，分享名人或成员心目中偶像的行径，当然必须是正向，有益于引导成员冲刺业绩的。

比如我经常说我们昆明（我是云南人）的风景很优美，人文很丰富。时而谈谈丽江的悠闲，说说当地的特色小吃，有时会捎些当地的特产分给成员，我愿意与他们分享眺望玉龙雪山的美景，品着云南的普洱时，内心的那种感慨……

当然，能够在云南逍遥地旅行是需要以金钱为基础的，这个钱自然来自你努力地工作。

同时，我也会分享团队成员因为业绩较好带来生活的改变的事例，从正向引导他们向往这样的生活，靠自己的业绩去实现自己想要的东西。

2. 我能再改变的是什么

我鼓励每个团队成员要定期做自我分析，分析自己的优势、劣势，不断总结并做出实际改进。人无完人，但是要认识到自己能改变的是什么，用这样的方式来激励销售员也是好的方法，尤其适合陷入瓶颈的销售员。其实无论是业绩高手，还是销售新人，哪怕是很小的一点改变也能给未来带来很大的影响。

SWOT 分析，又名“态势分析法”，是通常用来分析项目、企业的方法，四个英文字母分别代表：优势（Strength）、劣势（Weakness）、机会（Opportunity）、威胁（Threat）。从整体上看，SWOT可以分为两部分：第一部分为SW，主要用来分析内部条件；第二部分为OT，主要用来分析外部条件。利用这种方法可以从中找出对自己有利的、值得发扬的因素，以及对自己不利的、要回避的东西，发现存在的问题，找出解决办法，并明确以后的发展方向。通过这种分析，可以将问题按轻重缓急分类，明确哪些是目前急需解决的问题，哪些是可以稍微拖后的事情。我认为这同样适合个人规划，用这个思路来分析自己当下的优势、劣势、危机以及机会，然后挑选出最核心的、当下就能立即改善的方面进行行动，我就是用这样的方法分析对自己的事业规划有巨大影响的“人生110条错误”的。

其次经常去和别人对比，尤其是和别人的强项对比，可以在行业或者同样的企业里、甚至是一个部门里进行，以寻找能够进一步自我提升的领域。最好有相互的对赌、PK或者监督机制。在这方面销售管理者不但要以身作则，更要帮助员工来自我分析、相互配对、协调这样的“攀比”提升。

我有位同事，曾提出要在3个月内看完30本书。我默默提出挑战目标50本。为了让我自己能够完成，我约他一起开出阅读书单，先把书全部买来，最后相互看彼此阅读的完成情况，例如书的勾画页、读书笔记。后来我们都在期限内完成了阅读计划。那段时间天天学习以至于后来我养成了喜欢读书，快速读书的习惯。

对于销售团队成员，就要有意识地选择他们能够提升的这部分，或者说相对的“弱势”作为切入点以激励成员为此努力。例如一个销售员每个月给父母1000元的生活费，其实可以更多。拿其他销售员的情况对比，“小王每个月寄给家里3000元，人生最痛苦的是当你有能力赡养父母时却再也不能赡养他们，虽然你现在给家里每个月1000元，自己的生活还过得去，但是我觉得你完全可以给家里每个月2000元，你可以挑战这个目标。”为每个月多的支出，销售必然要出更多的单获取提成。

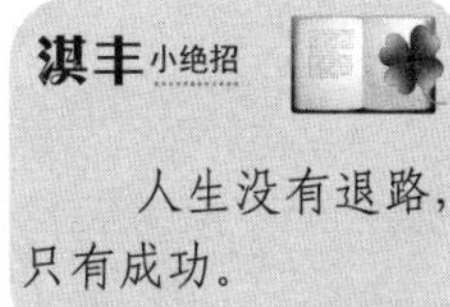

人生没有退路，只有成功。

3. 失败者的墓志铭——失败的代价

人生没有退路，只有成功。

依照中国目前的养老标准，我们来算笔账，社保交到60岁可以每月获得1000余元的养老金，这是国家的保障。经推算，60岁时，我们每个月须有1万元才能过基本生活。这意味着在60岁前，我们必须要给自己留有一笔存款。按照现在利率定存1年3.8%，男人要存100万元，女人活得更久，需要150万元。

在城市里生活，如果不是拆迁户，不是富二代，即便你是白领，一个月收入过万，多数都只能按部就班让孩子进入一般学校，努力争取重点学校。很多农村来城市拼搏的年轻人，遭遇失败和挫折后也不愿意回到老家种地，习惯了城市的便利与节奏，即便计划晚年回归乡村，往往也可能负担不起那些所谓世外桃源的生活，那些地方早就已经被开发成为富豪们隐居、修养的场所。即便你自己愿意在这样的人生道场里以这样的方式生活，但是你希望自己的家人、孩子和自己一样吗？很多人期望以房养老，国家新政策的出现，让这些期望存在危机，在未来，在你孩子成长的阶段里，这些变化可能更加严峻。

我有位朋友，多年前因为肚子疼去医院检查，诊断结果是阑尾炎，需要手术，手术费用是1200元。朋友当时比较拮据认为挺得住，结果后来阑尾穿孔耗费了更多的医疗费用，差点死去。这给我上了很严肃的一课。如果你不努力，你将带着很多人的期望死去。你想象一下你的“墓志铭”，你能够忍受自己当下的失败吗？我一直用这样的话激励自己，也激励我的团队，反思你现在的人生与生活，会激励你产生向上以及成功的动力。

4. 为了母亲的微笑

每个人努力的理由很多，对母亲，大部分人都深有感情、身怀感恩。能够让母亲获得快乐，这也是可以激励的方向。

我有个“富二代”的下属，家里人让他出来工作只是想让他体验社会，用收入等激励方式无法让他提起兴趣，他见过、吃过、玩过的远远超过了同龄人。做目标动员时，他基

本上就找不到感觉。我问他有没有想过要通过自己的努力给母亲买个礼物，他说，他母亲什么礼物都不要，用的是LV、穿的是阿玛尼，很多还是限量版。我鼓励他进行尝试，虽然他母亲平时提的包至少要4万元一个，通过自己的努力给她买一个4000元的包，看她会不会喜欢。他半信半疑地通过努力实现了目标，第一次用自己真正意义的钱给妈妈买了手包，当把包给他妈妈时，他妈妈非常感动，从此以后一直提这个包到处在阔太太面前炫耀："儿子自己去做销售赚钱买的。"这个"富二代"下属也为自己感到自豪，他终于明白，妈妈希望他能够获得自主和独立。每次想到妈妈欣喜和感动的眼神，他就有了冲业绩的冲劲。

淇丰小绝招 

管理其实就是共享一份团队融洽的感情。

这样的激励方式针对家庭条件优越的孩子十分有用。

销售管理者如果仅仅是鼓励员工追求自己想要的东西，那么层次还不够。自古以来"孝为先"，很多年轻的孩子并不是没有孝道，而是没有现在就要照顾父母的意识，他们并没有很深地认识到父母的难处，尤其是大城镇的孩子，在没有为人父母前都难以有报孝父母的意识。

淇丰小绝招 

状态永远大于一切，士气决定胜负。

我经常鼓励员工至少要为生养自己的父母，实现一次他们的心愿。

我的一位员工的父母从来没有去过北京，所以他制订了一个让父母去北京旅游的计划，要给父母一个惊喜。他用了

3个月时间，除去开支，存满15000元，在国庆时带父母旅游了5天。父母老泪纵横，他们以为在贵州深山，一辈子都到不了北京，见不到毛主席，没想到孩子用自己的钱，让他们去了北京还看了升国旗。父母很感动，觉得孩子又长志气又长脸，后来这位员工就养成每年带父母去旅游的习惯。点点滴滴的改变，让他从原来有点自卑，认为自己来自农村书读得不多，学历不高，变得越来越自信。每当他把这些分享给客户，客户都为他的孝顺和挑战自己的勇气而感动，因此，也有更多客户愿意支持他。

5. 成功意味着什么

成功意味着得到尊重，意味着战胜自己，意味着获得独立和自由；成功意味着孝顺父母；成功意味着我们有幸福的家庭，因为75%的争吵来自经济问题。

要让销售成员知道，出业绩代表什么？成为业绩冠军能够带来什么？如果连续稳定实现业绩，那么对个人而言意味着什么样的晋升？如果持续在销售这条道路上获得成功，对他意味着什么？如果团队获得成功，对他而言意味着什么？

善于激励，企业纵使遭逢逆境，也能创造佳绩。2007年遭逢并购德国西门子（Siemens）手机部门失利、高阶主管身陷内线交易风暴疑云的明基，正处于人员流失的窘境。接手明基台湾区业务的洪汉青,面对的是个士气低迷的团队。当时,明基台湾液晶电视销售是全行业第十一名;1年后却得到有史以来的第一名。洪汉青成功的秘诀是:让团队有更大舞台,只要做得好,就升主管!很多不够资深但业绩做得好的人都得到了晋升。

淇丰小绝招

松下幸之助说过:“企业管理过去是沟通,现在是沟通,未来还是沟通。管理离不开沟通,沟通已渗透于管理的各个方面。正如人体内的血液循环一样,如果没有沟通的话,企业就会趋于死亡。”

如果天天给员工洗脑,但是不能给员工带来收入,员工能待多久?作为团队管理者必须要激励成员以成功作为自己的目标。马云是成功的,但是在早期很多人认为他是疯子,就是因为有这种冲劲与执着,他并创造了当时难以想象的模式。

对于团队而言,通常一般基层员工关注钱,中层关注晋升通道,高层关注价值观,要结合各自对于成功的定义进行目标的推进。

个性关怀

“只有把员工的幸福放在第一位,大家团结一致,经营者与员工的心灵产生共鸣,企业才能走出困境,才能获得健康发展。”这是稻盛和夫成功让破产后的日航再次上市后公开的秘密武器之一。

1. 快乐是第一生产力

当你所领导的团队完成了任务，作为领导者你应该做什么？杰克·韦尔奇的领导法则是以“庆祝”结束。在他作为通用电气CEO的几十年中，他都在不断地鼓吹庆祝的重要性。但许多人对公司举办宴会感到不安，认为这不像严肃的领导者的工作。不过，韦尔奇是对的，不庆祝就失去了最大的激励团队的机会，而庆祝能创造充满赞誉和积极力量的氛围。作为领导者，你必须举行足够多的庆祝活动。

淇丰小绝招 

销售团队管理者一定是个策划者，所有的活动、营销的主题都是他来策划的。他更是一个快乐的引导和传播者，销售的压力与挫折感是很大的，管理者要在压力下营造快乐的氛围。

沃尔玛因其“喧闹文化”而著名，这种喧闹代表一种快乐以及一种士气。沃尔玛总部每周六的大会是这样的：有时做健美操，有时喊口号，有时唱歌，有时请来喜剧演员，有时举行拳击比赛……总经理和董事们也和员工一样大喊大叫，甚至跳起奇形怪状的舞蹈。创始人沃尔顿认为，只有让员工保持生气和活力，他们在工作时才会有激情和创造力。制造令人捧腹的事件几乎成了沃尔玛的传统之一，这给员工们带来了极大的乐趣，也使他们对公司有了更多的亲近感。

很多时候销售团队里都是一个个小团体，营销管理者要想办法通过活动让小团体变成大团体。当每个人都变成熟悉的朋友时，必然会相互协助。因为增进了相互的了解，当真正面对客户需要时，就能更容易找到可提供的支援。

让员工成为自己认为的“主角”，关键的一点是尊重员工。活动无非是为了多创造一些机会，让员工感觉被尊重，比如：为员工庆祝生日，分享人生经历，包括在公司的成长历程等；举办一些文体活动、运动比赛，让体育比赛振奋团队精神，提高普通员工的团队荣誉感；我鼓励进行主题演讲比赛，例如可围绕个人理想、人生规划等主题，让员工充分表达内心的梦想。

对于80后成员较多的团队，快乐的氛围尤其重要。目前80后员工是企业的主流，这些新生代在工作中寻找的是友谊与快乐。90后更是具有自我想法的一代，本身出生环境较好，对于钱的关注越来越少，与60后、70后寻找定位与共享价值观完全不同，非常关注工作环境的氛围以及个人价值的体现。更重要的是，在快乐的文化下，彼此不会藏私，会相互分享销售方法，能够帮助团队整体提升业绩，因此，充满友谊与快乐的工作环境对于员工来说本身就是激励。

销售团队管理者一定是个策划者，所有的活动、营销的主题都是他来策划的。他更是一个快乐的引导和传播者，销售的压力与挫折感是很大的，管理者要在压力下营造快乐的氛围。

2.“沟通”是第一位的

通用电气公司总裁杰克·韦尔奇认为：“管理就是沟通、沟通再沟通。”

对于管理者而言沟通是很重要的，因为在沟通中能够不断为员工做思想工作，不断了解员工的需求以及想法。不善于倾听不同的声音，是管理者最大的疏忽。

团队管理中的沟通有以下目的：

（1）宣传解释“方针政策”，上情下达。销售管理中经常会有不同的销售方针出现，例如促销、奖励机制等，日常管理也可能会因公司的战略发展调整而有需要传达的战术方向、管理要求等，必须要讲清楚该政策或措施的目的、产生的原因，尽量消除员工可能的不解和疑虑。

（2）沟通互动，维系团队。一般而言管理者不大可能随时全面、深入、真实地了解每个员工的思想、工作、学习和生活情况。当这种客观存在的“不了解”达到一定的“度”时，就会产生“质”的变化。员工情绪出现波动，直接影响业务经营，这时再想做沟通难度就大了。管理者要尽可能地找机会谈话，尤其是利用非正式场合以了解心声。

（3）说服教育，理顺情绪，改变态度。员工一般是从个人立场来认识事物和理解问题的，尤其是直接涉及个人切身利益的问题。作为销售管理者则是从团队管理甚至是一个企业的高度来看问题，难免出现观点不一致的情况。不能片面认为员工“自私”“素质差”“眼界低”，要换位思考，先理顺员工的情绪，然后想办法改变员工的态度。

（4）化解矛盾，解决冲突，稳定团队。团队难免会遇到跨部门沟通的问题，甚至可能会有客户投诉的问题，这时候的沟通目的是化解矛盾，解决问题，就事论事而不是针对个人。最关键的问题是要帮助员工分析构成矛盾的主要因素，拿出解决办法。

在日常工作中，管理者要有意识地定期去了解员工的状态、自我期望，一方面了解员工的变化，另一方面保持与员工的沟通，让团队成员有归属感。为此，我专门设计了一个“伙伴沟通记录表”。

伙伴沟通记录表

亲爱的家人们：

为了更好地了解伙伴们的生活、工作状况及未来发展规划，特设此问卷与大家进行深入沟通，请真实、详细地表述自己的情况及想法，以便公司更贴近伙伴们的需求给予支持和帮助！

伙伴沟通记录表

<table>
<tr><td colspan="6">基本信息</td></tr>
<tr><td>姓名</td><td></td><td></td><td></td><td></td><td></td></tr>
<tr><td>部门</td><td></td><td></td><td></td><td></td><td></td></tr>
<tr><td colspan="6">家庭情况</td></tr>
<tr><td colspan="6">1. 日常生活保障

A. 无忧　B. 基本保障　C. 有些困难

2. 父母亲属情况</td></tr>
<tr><td>成员</td><td>姓名</td><td>年龄</td><td>在职 / 退休</td><td>从事何工作</td><td>信址</td></tr>
<tr><td>父亲</td><td></td><td></td><td></td><td></td><td></td></tr>
<tr><td>母亲</td><td></td><td></td><td></td><td></td><td></td></tr>
<tr><td>兄弟姐妹</td><td></td><td></td><td></td><td></td><td></td></tr>
<tr><td colspan="6">3. 恋人爱人、子女情况</td></tr>
<tr><td>成员</td><td>姓名</td><td>年龄</td><td>在职 / 退休</td><td>从事何工作</td><td>信址</td></tr>
<tr><td>恋人 / 爱人</td><td></td><td></td><td></td><td></td><td></td></tr>
<tr><td>子女</td><td></td><td></td><td></td><td></td><td></td></tr>
</table>

续表

职业发展
1. 您近3年的职业规划和目标是什么？ 2. 如果您离开公司，最大的动因可能会是什么？
核心目标
1.3 年内您必须完成的生活目标是什么？ 2.1 年内您最想得到的物件是什么？ 3.3 年内您希望自己能上升到什么职位？
核心优势
1. 您认为自己最大的优势是什么？ 2. 您最感兴趣的是什么？ 3. 您最愉快的工作经历是什么？

这个沟通表不是让员工填写，而是通过沟通记录下来的。每个员工都有一份记录表，这些问题要定期进行沟通，一方面是为了“偏误”，让员工的目标、期望时刻在符合团队发展、公司发展方向的道路上。

另一方面通过这样的沟通表，整理后梳理并进行统计与分析，可以大致知道整个团队当下最关注的内容，能产生最大动力的驱动因素，尤其是针对团队数量较大的销售部门，更容易了解其最主要的动力来源。虽然沟通的过程需要消耗时间，但是会取得非常好的效果。当团队规模变大时，可以通过下属的销售主管来进行沟通，但是所有的记录表必须汇总进行统计，以便制定有关激励政策。

3. 家庭化的情感氛围

团队关系有正向关系，团结、友好、协作、互助等，也有负向关系，冲突、矛盾、自私自利、钩心斗角等。

优秀的团队无一不是拥有浓厚的正向关系氛围的，员工之间和睦相处，相互信任、相互促进，工作积极向上，团队所释放出来的能量就会大于个人努力的总和。

相反，如果团队里充满了相互猜忌、拆台，矛盾重重，内耗连连，员工就不会安心工作，缺乏团队精神，很难与别人合作，总会考虑自己的私利，即使个人有才能，也很难施展，也无法为团队创造出应有的业绩，其结果肯定是个人和团队双输。

我们可以想一下，什么样的关系里没有猜忌，只有爱与支持，对于彼此的付出不计较，没有利益关系？必然是家庭那样的关系氛围。销售管理者要努力去营造家庭的氛围，做到以销售业绩为工作主线，但同时也要与家人、同事和谐相处。“家和万事兴”，只有在“和”的氛围里，才能更有积极与动力，做出绩效。

美国纽约州立大学（State University of New York）水牛分校教授杰瑞·纽曼（Jerry M. Newman）曾经亲身下海应征汉堡店的工作人员。他在麦当劳、汉堡王等知名快餐连锁店，展开为时两年的体验调查，结果发现，即使在薪资低、工时

长、恶劣的工作环境中，一名店长仍然可以用感情激励员工。懂得建构团队感情的店长，其所在店的员工流动率，与只会用威权领导的店相比只有四分之一。

在工作上，很多时候人们会忽视收入、工作时间等条件，但是会怀念同事、友人间的快乐，团队间家人般融洽的氛围。现在的销售管理者要学会用感情、用家庭来维系员工，尤其是销售管理者在没有那么多权限和能力对团队成员带来更多利益或者提升时，能够激励和感动成员的就是感情。很多人都有这样的感觉，如果不是家人就难以对某类人进行容忍，如果不是家人早就大动干戈……就是因为彼此好像家人一样，所以能够容忍别人的短处与缺点，相互帮助，彼此打气，即使是工作上的对手，也是学习的榜样。

称呼是制造温馨氛围的一种方式，用一些规则来帮助相互关系的初步建立。例如将同事都用家人的称呼方式，类似大哥、二哥的排名，经常叫着叫着就会让人当真，如此一来就会有家人的感觉。可以充分利用短信的传递，制定内部传递规则，必须由大哥发给二哥，二哥发给三弟……同时短信开头必须包含对方的称呼，最后由最小的那位把短信传递到销售管理者这里，定期这样传递与分享。其次，管理者在推动和激励时，要时常提到对方家人的角色，让对方感受到自己就是这个角色，在这个角色中就应该承担这个角色的责任。

淇丰小绝招

团队管理者应是激情飞扬的啦啦队队长，以身作则是一种最好的行为激励。

以身作则是最好的激励

团队管理者应是激情飞扬的啦啦队队长，以身作则是一种最好的行为激励。柳传志说过：“以身作则，不是劝导他人的重要途径，而是唯一途径。”

以前联想开会定在8点，结果9点半也开不起来。后来，为了避免会议迟到，柳传志立下规定，开会时间明确后差一分一秒都不行，如果迟到了就罚站。柳传志自己迟到被罚站过三次，这三次要说起来都有充分的理由，但是他还是坚持在所有与会人前罚站了。他从自身出发，坚持做到并坚持以身作则，最后起到示范作用，杜绝了会议迟到现象。

但凡了不起的管理者都是自律者。A公司集团董事长也是如此，集团的培训但凡迟到1分钟，成长（成长是对于罚款的另一种褒义的说辞，用罚款会出现不愿意缴纳的情况，说成长会寓意更积极）100元。有次董事长前一天出差，由于航班延误到上海已是7点多，而我们既定的高层读书会是8点半开始，又逢周一出租车很难打到，董事长自己拿着三个箱子挤地铁并一路狂奔，等到达集团时已迟到29分钟。当时天气很热，董事长自己拿着行李箱，汗流浃背，因为大家都等着，董事长进门（培训的大会议室）后立即向所有人鞠躬道歉，没有说任何迟到的理由，二话不说将2900元缴到人力资源部，当时至少我们这些集团总监级别上的管理者都为之感动了。这对于所有在场的管理者而言是一种触动，崇敬之心油然而生。

管理者自己必须起到示范的作用，你的一言一行都是一种无言的激励，是会让团队成员潜移默化学习和认可的东西。

中国人寿业务副总经理刘月桂，入行26年，是保险界年薪千万的超级业务员和主管，曾在1999年用4个月就成交了4098万元台币，创下台湾的最高纪录，更是在2007年、2008年赢得《商业周刊》超级业务员大奖，而且因为她本人自律严格，勤跑客户，让手下超过100名业务员心服口服。

作为销售团队管理者，你要有领袖的风采，不要因为所辖人员少或者自己本身就是从业务高手转型而来的，就觉得可以钻空子或者降低对自己的要求。不管有没有公开设立榜样，管理者本身就是团队成员的榜样，必须以身作则，尤其是当你新任管理者或者刚入职一家新单位担任销售管理时，更需要对自己严格要求。

作业

制作团队激励：

（1）你现在的团队应用了哪些激励措施？

（2）看了本书后，哪些激励是你打算立即就做的？

第六章

一个信念——一个永不放弃的信念

没有失败，只有放弃

我从事销售 10 多年，遇到很多很有潜质的年轻人，那种与生俱来就能够做销售并可以做到销售冠军的人。但因为缺了那份坚持，最后还是放弃了。因此，他们到现在还在寻觅“下一份好工作”。

淇丰小绝招 

滴水穿石，不是水的力量，而是坚持的力量！

现在的社会，大部分人越来越没耐心和韧劲，做工作如此，做事业也如此，不肯踏踏实实在一个行业里稳扎稳打，总想寻找一些捷径，但越想找捷径越偏离终点。

淇丰小绝招 

一件事当你 3 年做不成时，你放长时间到 5 年、到 7 年，只要坚持一定能做成。

——亚马逊创始人、总裁杰夫·贝佐斯

世界上最感动人的就是那些为坚持梦想，不畏惧困难，战胜自己，勇往直前，直到成功的故事。小时候记忆深刻的、最受感动的故事是爱迪生发明电灯泡失败了 1500 多次，当别人嘲笑他并劝他放弃时，他却说，他没有失败，他只是成功发现了有 1500 多种材料不适合做电灯泡。正是这种专心做好一件事的信念，才有了今天造福人类的电灯。

著名导演、制作人李安，绝对是一个坚持的人。他原本是个电影资优生，在最年轻力壮的时候，却在买菜、烧饭、接送小孩间周旋，沦为靠老婆吃饭的窝囊家伙。整整6年他在心碎与希望两种极端的情绪间摇摆，经历了两次从无到有创办公司。直到中年他才终于成功了，成为10年来第一位两度拿下奥斯卡金像奖的最佳导演。多不容易，这过程多煎熬。所以，我对李安导演尤其佩服。不论在电影界还是企业界或从事其他任何工作，坚持绝对不是一件容易的事。

有人说现在经济不景气，市场变化很大，如何能做好业绩，他们为业绩下滑找了很多理由。其实，市场不景气，更能分胜负！此时做业务，比的是耐性，剩者为王！在不景气的时期，特别容易看出谁是优胜者，因为游戏规则变得简单了，一切回归实力原则。以前市场发展好时，可以通过人际关系或台面下各种方法达到目的，但不景气时反而让游戏规则变简单，没有实力的人很容易被淘汰，准备好的人也更容易看到机会。客户还在这个市场中，只是变得更加具有判断力和理性。原本三天可以谈成的订单，现在可能需要半个月才能成交。此时做业务比的是耐性，能够坚持下来的人都能成功。

团队管理也是一场博弈，任何管理措施或多或少地都会遭遇反对，但是只要管理者本身坚持，假以时日就会成为销售员个人的习惯。“不怕政策经常变，而怕真执行严监管”，只要管理者认真了，执行力度大了，那么，团队成员自然而然会重视起来。

信念——团队管理的终极力量

团队管理的终极力量就是思想工作，思想工作是对人的工作，主体是人，客体是人，出发点和归宿点都是人，人的因素是第一位的。

淇丰小绝招

掌握思想领导是掌握一切领导的第一位。

——毛泽东

每个人的目标和信仰、价值观都可以改变，只要你对这个人足够好，支持和帮助他；每个人都有成功的信念，只要你激发和挑战他；每个人都是可以有目标的，只要你明确他；每个人心里都有英雄，只要你找出他；每个人都不甘心落后于人，只要你找出这个对手；每个人都要发挥自己的价值，想为集体做更多的事，为荣誉呐喊，只要你找到他的荣誉心。

销售人员本身具有一定流动性，无论是人员流失或者是人员晋升，都需要及时补充新鲜血液。现在愿意做销售的年轻人普遍以 90 后居多，销售主管已基本是 80 后的天下。这些年轻人有自己的主见，吸收新事物速度很快，但易生“反骨”，对于不认同、不接受的事物会直接用言语或者行动反击。

做这些年轻人的思想工作不是简单容易的事，要注意良好的沟通方法，讲究领导艺术。有效的方法是要抓住一两个典型，总结出经验，用这样的经验教育其他人；及早发现问题，分析问题产生的原因，通过剖析典型，使大家对问题有清晰的认识，然后再逐步深入，直到问题最终解决。

1937 年 7 月抗日战争爆发后，面对空前严重的民族危机，许多爱国知识青年长途跋涉从全国各地来到延安。随着人数增加，开始出现一些不统一的现象，尤其是新来的知识青年，有知识有技术，看不起工农群众，工作上讲条件、生活中求待遇、学习时图虚名……

刘力功是一名由国统区奔赴延安的知识分子，在抗大毕业后又进入延安中央党校学习，毕业时坚决不愿去基层锻炼，坚持要进马列学院或回原籍工作，否则就退党。经过七次沟通谈话，最后一次谈话明确告知要服从党组织决定，刘力功仍然拒绝执行，最后，党组织经过慎重考虑开除他的党籍。

刘力攻的事件成为陈云（时任中共中央组织部部长）进行思想教育工作的切入点，首先他公开告诉全员这些新知识青年的加入，共同目标是为追求真理，愿意为共产主义奋斗，组织欢迎他们。但是的确有一些人存在不好风气和习惯，需要引起极大的注意，加强对新党员的思想意识的教育。

陈云采取了一系列措施对新党员进行理想信念教育，利用公开的机会做演讲以及报告。当年，陈云在抗日军政大学做了一场《怎样做一个革命者》的报告，强调做一个革命者必须要有的正确人生观和世界观。同年在纪念瞿秋白英勇就义三周年时做了一个讲话，既是对已逝的瞿秋白等革命先烈的肯定，也是对当时众多的新参加到革命队伍中来的年轻同志的要求——不半途而废，即便不可避免地会有遇到困难的时候。

接着陈云采取第二步措施：通过一些典型事例的剖析，来说明问题，警示他人。陈云写《为什么要开除刘力功的党籍》这篇文章，主要目的就是通过剖析刘力功这个典型，来让人们明白遵守党纪律的重要性。陈云不但拟文，更亲自发动并参与延安各机关、学校围绕该话题的讨论。

除此以外，陈云提出了许多具体的衡量标准，比如 1939 年 5 月 30 日，他在《怎样做一个共产党员》一文中提出，做一名合格的共产党员，必须符合“六条标准”：终身为共产主义奋斗；革命的利益高于一切；遵守党的纪律；百折不挠地执行决议；做群众的模范；学习。陈云强调说：“只有具备以上的六个条件，才不愧称为一个良好的共产党员，才不至于玷污了这个伟大而光荣的党员的称号。”

现在很多年轻的管理者不会做思想工作，陈云的做法首先是公开认同；其次是抓典型并不断引发讨论，让人印象深刻；最后是制定规则并通过培训让规则在管理者中得到传播，这对销售团队管理者来说是很好的参考。团队有问题是正常的，通过这样的思想教育方法，把握团队的整体价值观导向，用典范的方式使团队成员明确哪些值得推崇，哪些不是团队认同的做法。

作业

1. 在团队管理中，你有没有因为没有坚持而导致的管理遗憾？当时为什么放弃？

2. 你现在的团队中有没有与你想倡导的风气相左的现象或个体？看了本书后，哪些现象是你打算必须要遏制的？

结语
决不管理最重要的是形成管理机制

让我们再来回顾一下这“六个一”：

一面旗帜——旗帜鲜明的精神，明确团队精神、价值观，建立团队的价值准绳；

一个目标——清晰明确的目标，帮助员工建立个人成长目标，设立团队进步目标；

一个标杆——意义非凡的英雄，在团队中树立标杆与典型，营造期望的氛围与特质；

一个对手——相互鞭策的对手，鼓励并帮助寻找相对的对手，彼此和平、公正地竞争；

一个啦啦队队长——激情飞扬的舵手，做一个时刻激情，常常激励并为团队导向的啦啦队队长；

一个信念——一个永不放弃的信念。

“六个一”要成为管理机制，持之以恒坚持执行。

建议管理者结合“六个一”在团队内部形成一种规范，例如 PK 机制、激励机制，并营造一种团队的文化，充分利用文字、展示。其次，把自己可以想到的改进事项罗列下来，成为自己每天、每周、每月、每季度、每年必须要做的一些事项，贴在办公室醒目的地方提醒自己，要为自己执行并坚持执行“六个一”设定奖惩。

任何一个小的措施要想养成习惯，就必须经历时间的考验，而长期坚持最后带来的管理效应则是明显的。当一个团队有一种整体氛围的时候，即便有少数没有这样习惯的人加入，也会在团队的影响下迅速建立同样的工作习惯。

淇丰小绝招

任何一个小的措施要想养成习惯，就必须经历时间的考验，而长期坚持最后带来的管理效应则是明显的。当一个团队有一种整体氛围的时候，即便有少数没有这样习惯的人加入，也会在团队的影响下迅速建立同样的工作习惯。

案例 CASE

高露洁曾要求 3.5 万名员工全部都佩戴姓名牌，目的是使高管们在高露洁各地的工厂和办公室视察时能更方便地称呼员工，从而更迅速地与员工沟通。仅仅推动这一措施，高露洁就用了几年的时间。

在高露洁，类似这样的小改进非常多。长期的持续改进让高露洁 2006 年的毛利润率达到了 56.4%，比 1984 年上升了 18.5 个百分点。在利润微薄的日用消费品行业，这不能不说是一种奇迹。

担任该公司 CEO 长达 20 余年的鲁本·马克说过一番话：“企业领导人应将公司的业绩看成是一条贝尔曲线，曲线的左边代表非常差的业绩，右边代表非常优秀的业绩，大多数公司都是位于曲线的中间部位。管理者的任务就是要不断地逐步改进，使整条曲线向右移动。这个过程既非革命性的，也不会引人注目，但只要持之以恒，企业就能取得成功。”

“六个一”管理看上去是很简单的团队激励机制，但是难就难在决定正式启动执行并持之以恒。如果管理者只是一次或者偶尔吆喝，员工是不会认真当回事的。一项只进行几次的行为或许会在当下产生一定的效果，但不能产生长效的反应。团队激活要建立长久的管理机制，要成为规则与制度。管理者更要反反复复按照“六个一”来推动，每周、每月、每年都要根据这个机制来反思和推动业绩。定期思考目前的团队精神是否与最初一致？相互是否明确知道个人与团队的目标？有没有人可以成为现在的榜样，或者现阶段需要推介什么样的特质成为标杆？每个人是否都有自己的PK对手，包括自己？有没有人因为成长或者落后需要调整对手？现在的激励政策是否能取得效果？是否需要设计新的激励？当自己或者团队不能坚持的时候，是否要想点方法出来进行思想教育？

作为管理者，每个季度都可以找不同的人来测试“六个一”机制的落实情况。

对于所有新员工，必须通过这套培训，不断给员工输入价值观，不断明确目标，不断和对手之间找出差距，不断和对手做出每个月、每半年、一年的PK承诺。随时对业绩不好的员工进行思想工作，“拉着走”“推着走”“赶着走”“不行抬着走”，不断激励，不断启动内动力，不断关心，激发对你的内疚感。业绩不是简单为谁做，是为了自己，为了自己的现在、未来，雪洗原来的耻辱，为了你的家人、亲人、爱人、父母，为了我们的团队荣誉，为了我们的上司，为了我们的公司……要把一个人所有能够触动灵魂深处的内动力找出来，持续按着内动力的按钮，持续地按与拨弄，让他持续充满正能量，时刻为完成目标而奋斗。

有时候员工无助、困惑、犹豫、不行动都是因为没有把目标集中在一个点，如果集中在业绩上了就忘记一切，就不会有懒散、涣散、自我否定和不自信。还记得小时候看过的耍猴吗？锣声响起，把猴子的注意力全部吸引到锣声上，管理者不敲锣，猴子注意力不会在锣上。员工需要什么？自强不息的价值观。员工需要一个榜样，需要在身边找一个对手，需要有个领导谈谈心、说说话，告诉他“你并不孤单，你需要坚持到底的勇气和决心”“相信成功属于自己，坚持不懈，努力活出充实的人生，活出幸福的人生，活出快乐的人生”。

西夏王朝是中国历史上一个重要的少数民族政权，建都在今天的银川市。鼎盛时期曾与两宋、辽、金鼎足而立，自公元1038年起经历了近200年的统治，于1227年被蒙古军队灭亡。由于受此毁灭性的打击，西夏文字后世失传，被称作“天书”。

有位叫李范文的老人，他一辈子都倾注在西夏文字的挖掘上，从一块令牌上发现文字样的符号，去寻找文字的渊源，最后发现了西夏文字。从一块令牌到另一块令牌，不同的墓碑，一个个字地对比，去发现、去探索、去获得，专注一个谜一样的东西，最终终于成为了解读西夏文字的专家。经过整整25年潜心研究，1997年，国内第一部也是唯一的一部西夏文字典《夏汉字典》出版，这为破译西夏文字、打开西夏文献宝库提供了一把“金钥匙”。

他一辈子只做一件事，就是发现西夏文字。结合后续的最新研究成果，在李范文主持下，2008 年《简明夏汉字典》修订出版。当时有人问他如何能做到一辈子只做一件事，他说："我是这个世界上最幸福的人，每天都有奇迹发生，每天都可能有谜底要被揭开，我每天都活在欣喜若狂中。"

做销售就像每天发现宝藏一样，当你养成这样的习惯，你就会看到团队的激情。"六个一"让你时刻抓住激活团队的重点，寻找到主要矛盾。人永远是团队的重点，要改变员工的行为，就要改变他的态度与观点，时刻牢记思想是第一位的。

后记

这本书原本定于2010年出版，却因为各种原因延迟到今天才面市。这段时间里，我受邀去了很多家企业就“团队激活”的内容进行演讲。

的确有企业、有管理者怀疑，我这样的激励能够带来多少实际的效益。我回答说，如果你不执行“六个一”，你的团队会维持现状，那么企业会继续处于当前的状况或陷入困境，然而你不妨尝试一下，假如真的能让团队带来改变，业绩获得提升，那么你的企业也许就有一个新的进展。在这3年多的时间里，有不少企业使用我的方法成功让团队焕发活力，走出业绩的困境。还有一些原本不是销售型的企业，而是传统的行业，例如家装、建材、制造业，但是这套机制真的让他们的团队重新迸发了新的激情，更加验证了“六个一”的有效性。

管理是可以学习的，也是可以学会的。如今这本书面世，更多人、更多企业可以通过这本书学习激活团队，并持续创造业绩的方法。这首先需要感谢行动成功董事长李践老师的支持，他鼓励我不断分享团队激活的心得，并进一步扩展和分享给更多人。其次感谢陈莲在这期间对于本书的整理，不断与我碰撞，组合这期间的案例，让本书更加生动与出彩。她也是我第一本书《决不销售》的资料整理者，她真实见证了我身边不少年轻销售人员运用我的方法获得业绩冠军，并在后来的创业中运用“六个一”成功管理团队。

同时要感谢我的团队、我的家人一如既往地对我的信任与支持，让我能够有更多的时间来整理、分享这些销售管理的经验。

心动却没有行动，永远不会带来团队的改变与业绩的增长。我希望你阅读完本书后，用行动来证实“六个一”是否真的有效。

施淇丰

2014年11月18日

读者服务卡

以书会友，真诚到永远！

1. 您是通过何种渠道了解到本书的？

□书店 □报纸杂志 □电视台电台 □网络 □朋友（老师）推荐 □其他

2. 您在何处购买到本书的？

□城市书店 □网络书店 □机场书店 □超市书店 □铁路书店 □其他

3. 如果您希望我们发送新书信息给您公司的负责人，请注明所推荐人的：

姓名：__________ 职务：__________ 电话：__________

地址：____________________ 邮箱：__________

4. 通过阅读、学习本书，作者帮您解决了哪些工作中的难题？工作仍有什么样的难题未得到解决？请认真填写，本书策划服务团队及作者本人会在收到您的疑问后，进行详尽解答。

已解决的难题：____________________

____

____

____

未解决的难题：____________________

____

____

____

感谢您的阅读！请确认我们的联系方式

智读汇·名师书苑

地址：上海市恒丰路 218 号现代交通商务大厦西 1307 室

邮编：200070

电话：021-51213225　13816981508

传真：021-51211252

电子邮箱：zhiduhui100@163.com

“智读汇书友”淘宝店：http：//zhiduhui.taobao.com

（本服务卡复印件同样有效）

扫一扫有惊喜！

关于**智读汇**

智读汇出版研发中心与全国多家知名综合出版社强强联手，整合一流的出版资源，构建起集策划、出版为一体的高效团队，在业内积累了良好的信誉和口碑。

多年来，我们追求人类文明最有价值的管理思想和人文精神，致力于出版策划和“无限畅读”“无限畅学”计划，通过图书、阅读和学习，让思想发生有智慧的交汇和沟通。未来，我们一如既往，乐于贡献自己的出版智慧，因为一本好书的出版，会激活一个人、一个企业奋发向上的精神和激情——这是我们心中最美好的事业！

（一）“智读汇·名师书苑”书系：面向致力于为中国企业发展奉献智慧，提供咨询建议的培训师征稿，为培训师塑造个人品牌，传播课程价值及影响力。

（二）“智读汇·企业管理思想文库”书系：杰克·韦尔奇、郭士纳、冯仑、王石等众多成功企业家都出版过优秀图书，他们的绝秘心得是——“最伟大的企业家一定是一名优秀的畅销书作家！”本书系面向中国企业和知名企业家征稿，助力管理思想落地、企业文化传承和品牌影响力传播。

扫一扫了解智读汇出版资讯